おいしい旅

錦市場の木の葉丼とは何か

太田和彦

集英社文庫

おいしい旅

錦市場の木の葉丼とは何か

もくじ

京都

松本

浜松

神戸

本文デザイン・横須賀 拓
扉写真・米谷 享
本文写真・太田和彦

京都

修学旅行生と親子丼

仕事で京都に来ており、昼間はホテルにカンヅメで原稿書き。楽しみは抜け出してとるお昼だ。京都の人は親子丼をよく食べる。今日はそれでいこう。

明治に祇園《ぎおん》で創業、昭和二十年に西陣《にしじん》に移った鳥料理の老舗《しにせ》「鳥岩楼《とりいわろう》」は上京区《かみぎょう》五辻通智恵光院西入ル《いつつじどおりちえこういんにしい》五辻町《いつつじちょう》。「智恵光院」とは有り難い名前だ。交通の便はあまりよくない所だが昼十二時から二時までの親子丼が人気でいつも満員だ。

開店にまだ早く、前の寺「本隆寺《ほんりゅうじ》」へ入ってみた。

冬の京都。広い境内は人影なく、鐘《かね》撞《つ》き堂に寄り添って立つ大銀杏《おおいちょう》も丸裸のシルエットを見せる。京都は年中いろんな行事のある観光都市だが、正月の過ぎた一、二月はこれといったものはなく日常にかえる。そこが好きで、仕事を持ってやってきた。

還暦を過ぎて時間が自由になると、足は京都に向くことが多くなった。観光地ではなく、町中を楽しむ。京都はやはり寺の町で、有名寺よりもさりげない寺がいい。

この本隆寺は法華宗真門流《ほっけしゅうしんもん》の総本山、法華宗京都八本山の一つとある。開山長享《ちょうきょう》二（一四八八）年。享保《きょうほう》、天明《てんめい》の二度の大火は西陣一帯を焼け野原にしたが、本堂、祖師堂は鬼子母神《きしもじん》の霊験《れいげん》で焼失を免れ、以降「不焼寺《やけずのてら》」と呼ばれるようになった。境内には西陣五井の一つ「千代野井《ちよのい》」や、松葉を枕の下に敷くと子供の夜泣きがやむといわれる「夜泣止松《よなきどめのまつ》」がある。

端正な本堂脇の小さな満開の紅梅が大きな松の緑に映える。立派な石灯籠《いしどうろう》の彫り文字は〈寄進者　若州小濱組屋武中左衛門〉〈天和元辛酉十月吉祥〉。いつからかこういうものをウンウン解読するようになった。

若い頃は新しいものにとびついた。しかし今は昔からあるものに気持ちがゆくのは、老いたわが身をそこに見て、自分の生きてきた人生を肯定したいのだろう。

おっとそろそろ行かないと行列が長くなっているころだ。

その列十数名。タクシー運転手に案内されてきた制服の女子高生四人組もいる。ちょっと話してみようかな。

「修学旅行?」

「そうです」

「どこから?」

「群馬」

そのくらいのお子さんがいるのか話したそうにしていた一人のご婦人がこれをきっかけに「何年生?」と声をかけて話がはずみ、おじさんの私はいらなくなったのは仕方がない。

＊

白い暖簾《のれん》が上がり、列は中へ。百年以上という家の奥まった玄関は打ち水され、上七軒舞妓《かみしちけんまいこ》のうちわが立ちならぶ。履物を脱ぎ「親子丼の方はお二階へ」と、中庭をまわる渡り廊下から案内された二階は古い畳座敷に入れ込みだ。「何人さん?」と席を振り分けられ、一人の私はなんと、さきほどの修学旅行女子四人の座る卓の、床柱を背にした席を指示された。まるで引率の先生だ。女子高生は静かにしているが、オヤジ然とすぐ話しかけてはいけない。といって黙っていても重苦しい。

戸を外した三つの座敷は、幅広い網代《あじろ》の舟天井、壁を瓢簞《ひょうたん》や富士に刳《く》り貫《ぬ》いて竹垣をはめるなど、元の家主の遊び心ある粋を存分に見せる。取材メモ帳を出してスケッチしていると女子高生がのぞき込んできた。

「何描いてるんですか？」

「あそこの装飾が面白いだろ」

一同そちらを見る。

「建築関係の方ですか？」

「いや……」

「わかった職人さん」

類推は私を喜ばせたがこういう時は本当を言う方がいい。「雑誌の連載のメモなんだ」「へえ」「わるい、ぼくにお茶いれて」「はい」と大きな急須から注いでくれる。

「この唐金《からかね》の急須はいいものだよ」

「へえどこがですか」

いつの間にか引率の先生だ。届いた親子丼に「わあ」と箸をとるのを止め「ちょっとカメラ貸して、みんな丼持って」「はーい」パシャ「いただきまーす」。

小丼の真ん中にうずらの黄身ひとつ。もも肉と玉子だけのシンプルな丼は、濃いめの出汁《だし》と固まりきれない玉子。この出汁と玉子のふるふるが東京の親子丼とはちがう。値段九〇〇円。女子四人もきれいに完食でした。

外の通りに「西陣織物産地問屋協同組合」の建物がある。このあたりは西陣織で栄えたところだ。向かいの西陣中央小学校で若いお母さんが幼子のよちよち歩きを見守っている。観光地ではない京都のおちつきは、ここに住んでみたいと思わせる。

石畳で入る小さな「首途八幡宮《かどではちまんぐう》」は金売吉次《かねうりきちじ》の屋敷跡で、源義経《みなもとのよしつね》奥州《おうしゅう》出立の際、安全を祈願した。「首途」は「出発」の意で旅の守りという。「おいしい旅」の旅立ち。引いたおみくじは「小吉」でした。

修学旅行生と親子丼をいただく

錦市場の木の葉丼とは何か

若いころの「丼物の真の覇者Ⓒ椎名誠《しいなまこと》」はもちろんカツ丼だったが、この歳《とし》ではそれを制覇する力はなくなった。では何か。

関東では上流ご婦人やお嬢様は昼の軽食といえども下世話な丼など召し上がらないが、是非もない時は「天丼ならいいわ」となる。昼の来客にカツ丼はだめだが天丼なら「店屋物《てんやもの》ですけれど」と許される。関東の丼物で天丼は上品とされ、例えば歌舞伎役者が楽屋に出前でとっても様になる。もちろん特上海老《えび》天丼で、いか天やさつまいも天は許されない。

京都で最も基本の丼は前回書いた親子丼だ。ご婦人も男も日常の簡単な昼外食は、あれこれ迷わずに済む親子丼にする。京都は丼もそばうどんも、洋食も中華も昼飯事情がとても良い所で、古い小さな食堂の丼は間違いなくおいしく、それがまた大げさでない旅の楽しみになる。京都人の大切にする出汁、かしわ（鶏肉《とりにく》）、玉子が集約する親子丼は日常の食べ物としてレベルが高い。

では天丼はと言うと、京都で天丼はあまり見ない。第一天ぷら専門店が少ない。行列もできる店の看板天丼を食べたがなんだか頼りない味だった。その点、東京の天丼は自信にあふれ、六〇〇円の学生天丼も、有名店の三三〇〇円も、その中間もそれぞれにおいしく、時々「天丼食べたいなあ、銀座いくか」と思う時がある。

逆に東京の親子丼はどういうものが良い親子丼か判っていないまま作っているようで、おおむねとじ玉子が固まりすぎだ。これは玉子焼に表れる玉子の基本的扱いに由来しているのではないか。東京の玉子焼は醬油《しょうゆ》と砂糖で味が濃く、白身黄身をあまり混ぜずにまだらに残し、やや焦げ目がつくくらいに「焼く」。お弁当のおかずのあの玉子焼だ。

京都は出汁をたっぷり入れて丁寧に攪拌《かくはん》し、薄く伸ばして温め固めるだけで「焼かない」。焦げ味は最もタブーだ。四角の玉子焼器の使い方も逆で、東京は玉子を奥から手前に巻き寄せ、京都は逆だ。

東京はカツ丼、親子丼、玉子丼、鉄火丼（これはうまい）、牛丼くらいだが、京都は種類が豊富。京都ローカル丼を整理すると、

衣笠《きぬがさ》丼＝きざみきつね（細く刻んだ油揚）の玉子とじ

木の葉丼＝細切り蒲鉾《かまぼこ》の玉子とじ

他人丼＝鶏ではない肉の玉子とじ

ハイカラ丼＝天かすの玉子とじ

若竹丼＝ 筍《たけのこ》 の玉子とじ

どれも玉子とじで大同小異とも言えるが、それを繊細に食べ分けるのが京都の日々の昼食の楽しみなのだろう。

*

旅行人気の京都でいま誰もが訪れる一番人気は錦 市場《にしきいちば》ではないだろうか。高倉《たかくら》通《どおり》から寺町《てらまち》通まで東西に三九〇メートル続く幅三メートルほどの小路《こうじ》左右は京都のあらゆる食材がぎっしり並び、修学旅行から外国人観光客まで人波の絶えることがない。食べるものを見て歩くのが楽しいのは万国共通。足並みもつい遅くなる。

旅好きで市場好きの私が選んだ日本四大市場は、秋田市民市場、金沢近江町《かなざわおうみちょう》 市

サラリーマンも来る店、昼は混みます

場、大阪黒門《くろもん》市場、小倉旦過《こくらたんが》市場。皆、市民の日常の生活市場だが、錦市場は観光市場で、観光で行くのだからそれでよいのだ。いかにもおいしそうな気の利いた品並べはさすが京都で、見て歩くだけで楽しい。旅をしてもいわゆる「お土産品《みやげひん》」というものは買わなくなり、市場の食料品が一番だ。「三木《みき》鶏卵」の出汁巻、「鳥清《とりせい》」のもも肉照焼、「高倉屋」の漬物は家の土産の定番になった。

その錦小路の東、錦天満宮まであと少しのところの食堂「まるき」は、京都の私の最も基本の昼飯どころだ。

「おこしやす」

迎えは若い娘さん。なじみのおばさんは孫に専念するためこの二月でやめられたとか。私が来たらよろしくとおっしゃっていたそうで、ご挨拶したかったたな。ここの一番人気は親子丼だが、今日は七五〇円のこれにしよう。

「木の葉丼ね」

「はい、木の葉おひとつ」

まるきはなんということもない町のそばうどん丼食堂。昔の石油コンロにのる特大ヤカンがいい。

届いた丼の超ふわふわ玉子とじは、鍋をつねに揺すりながらまとめると聞いた。その黄色からのぞく緑の九条葱《くじょうねぎ》と細切り蒲鉾の縁取り赤が美しく、黒い海苔《のり》を少し散らして粉山椒《こさんしょう》を振る。若い舞妓はんが芸妓《げいぎ》の姉さんに「あんた何するん」「木の葉どす」と答える可憐《かれん》な風情が身上だ。

わしわしわし……。

味付けは濃く、決め手は京都に欠かせない粉山椒だ。特別においしいものが入るわけではない木の葉丼は基本の味がしっかりしていなければ何でもないものになる。而《しか》してこのうまさ。ああ、おいしかった。

京都中華の名品、撈麺

旅に出ると、町歩きのついでにその時その町でやっている展覧会に行くようになった。

住んでいる東京は、もちろんつねに面白そうなものが開かれているが、東京は広く、電車のターミナル駅をいくつも乗り換えて、では散歩の感覚はなくなり、つい見逃してしまうことが多い。結局東京は巨大な田舎《いなか》（どこへ行くにも遠い）だ。

滞在中の京都で街角の掲示板に「企画展　京都の高等女学校と女学生」をみつけて行ってみた。

会場「京都市学校歴史博物館」は宿泊先のホテルから仏光寺通《ぶっこうじどおり》を東へ歩いて十分ほど。そういう博物館があるとは知らなかったが、明治二（一八六九）年開校、平成四（一九九二）年閉校、旧開智《かいち》小学校跡とある。黒瓦屋根の正門は明治三十四年築の高麗門《こうらいもん》。校庭先の擬洋風玄関は京都市最古の学校建築物で国の登録有形文化財とある。

学校校舎に入るのはやはり気持ちがひとつあらたまる。教室を使った展示は明治〜昭和戦前期の「女学生文化」だ。昭和二十三（一九四八）年まで京都市内にあった高等女学校は、昭和十六年時点で公立六校、私立十校、入学には厳しい入試をくぐらなければならなかった。

裁縫教科書や制服などの実物や、授業風景、運動会、卓球試合、竹生島《ちくぶしま》遠足などいろんな写真が興味を惹《ひ》く。入学式集合写真は、明治期は着物に丸まげ。目鼻筋の通った顔だちは京都良家子女の気品がある。明治四十三年、精華《せいか》高女の「第一回卒業生紀念書画帖《ちょう》」の日本画は水準が高い。

大正の平安《へいあん》高等女学校のセーラー制服のスナップ写真は、夏は軽快なシャツ袖に腰ベルトの白いワンピース、お下げに編んだ髪が愛くるしく、冬は紺の厚手ワンピースの長い裾に大きな襟と袖口だけが白く、革靴でポーズをとる。ともに大正のリベラルを感じ、制服への憧れを抱かせたことだろう。

大正十五（一九二六）年の京都市立第二高等女学校の写真「ダンスオブウェーブス」は校庭で手をつないで大きな二重の輪をつくり、白ブラウスに紺スカート、黒靴下で高く膝を上げたダンスポーズだ。

昭和十四年集合写真「四年生の雛祭《ひなまつ》り」の制服乙女の晴れやかにうれしげな笑顔は本当に清純な美人ばかりで、おじさんはつい一人一人見入ってしまう。

昭和十四年、市立堀川《ほりかわ》高女四年生の「夏季日誌」には「最初の方は記述量が多いが、しだいに少なくなっていく」と解説あり、実物の一頁《ページ》が展示される。

〈今朝ラヂヲ体操に起きるのがねむたくて大變《たいへん》つらかつた。朝から本箱の掃除をした。私の本箱は半分は玩具なのでこれを整理しやうと思ふけれどほかす事も出来ないし又入れて置いた。飯事の道具もまだ残つている。晝《ひる》から晝寝の後はりものをした。昨日よりいくらかましにはれたと祖母がいはれた。夜一寸《ちよつと》物理をしらべた。起床六時、就寝十時〉

嗚呼《ああ》！　戦前高等女学校の乙女たちよ。しかしその後あたりからセーラー服にモンペ姿で軍需工場にかりだされる戦時体制下に入ってゆく。清らかな乙女を踏みにじる戦争憎むべし。

名著『京都の中華』を読んでから京都中華好きになった。特徴は、こってりと具沢山に油ぎった中華ではない、引き算の洗練されたあっさり味。舞妓さんなどの着物に臭いがつかぬよう、ニンニクやニラなどは使わない。

本を頼りにあちこち行き、各店に名物の一品があるのを知った。上七軒「糸仙《いとせん》」の細切り筍たっぷりの春巻。揚げた豚肉にパイナップルを添えとろりとしたたれをかけた酢豚。四条河原町《しじょうかわらまち》「芙蓉園《ふようえん》」の玉子でとじた親子丼の具のような鳳凰蛋《ホウオウタン》。平成二十一年に閉店した伝説の名店「鳳舞《ほうまい》」の流れをくむ河原町二条の「鳳泉《ほうせん》」も、京都の昼食には必ず行く一軒だ。

＊

交差点にガラス張りのまことに清潔な明るい店。店内もいわゆる中華風にごてごてしていない。プラケースの「御献立」はわかりやすく、木耳肉片《キクラゲブタ》九七〇円、韮黄《ハル》春巻《マキ》九七〇円、冬菇蒸鶏《カシワシイタケ》九七〇円など料理は二十種ほどで多すぎないのがいい。私のひいきは〈撈　麺《エビカシワソバ》七五五円〉、それに〈皮蛋《ピータン》二七〇円〉をつけた。

黒曜石のような皮蛋をつまむうちに届いた平皿の汁なしそばはたっぷりのあんかけに、かしわ肉の白ピンク、小海老の赤、九条葱の青緑、レタスの薄緑、椎茸《しいたけ》の茶がほの透けてもうもうと熱い湯気を上げ、下には蒸し麺がある。上品に利かせた辛《から》子《し》が絶妙でいつまでも飽きずに食べ進み、三分の二ほど終えて酢をまわしたが、あまり味が変わらないのは、薄味にみえて旨《うま》みはしっかりしているからだろうか。

昼の混む前に来たとおぼしきステッキ白髪の紳士の、小海老や青葱、もやしなどが麺にこんもりとからみついて湯気を上げる〈炒麺《ヤキソバ》〉がうまそう。同じく老夫婦はそれぞれ別の品を注文したが〈古老肉《スブタ》〉一皿は分け合うようだ。皆さん品書きも見ないのは決まっているのだろう。こういう店こそ信頼できる。京都人は中華好きなのだ。

あっさりと旨み濃い京都の中華

きざみカレーそばには九条葱

「京都の高等女学校と女学生」展を見た私は、会場「京都市学校歴史博物館」に興味をもち、翌日また出かけた。建物は旧開智小学校校舎だ。

東京遷都後の京都は、市の将来を考え小学校創設案がもちあがった。動きははやく明治二年、中世に起源をもつ町内自治組織「番組《ばんぐみ》」による、全国初の学区制小学校「番組小学校」が六十四校建てられた。それは子供たちが学問を学ぶ場であるだけでなく町組会所《かいしょ》、徴税、戸籍、警察、消防、府兵駐屯所などを併設し、京都の復興を担うコミュニティーセンターとして時代の最先端施設となってゆく。その一つ「望火楼」火の見櫓《やぐら》は、学区で最も高い建物として地域の象徴になった。

市と町衆が一体となった地域復興の歴史解説は熱気をおび「学問により都市の将

来をつくる」さきがけとなった誇りが見える。私には勉学の一つに京都らしく美術に力を入れているのがうれしく、後年大家となった小野竹喬《おのちっきょう》、宇田荻邨《うだてきそん》、久保田《くぼた》米僊《べいせん》、西村五雲《にしむらごうん》、北大路魯山人《きたおおじろさんじん》ら多くがこぞって母校に作品を寄贈、上村松園《うえむらしょうえん》・松篁《しょうこう》、菊池芳文《きくちほうぶん》・契月《けいげつ》など親子二代にわたる寄贈もあるのは、いかに学校と地域が自分を育ててくれたかの恩返しと思える。

古い資料展示を見ていてぴたりと足が止まったのは京都唱歌研究所編『京都小學唱歌』教科書だ。

旅泊

一　磯の火ほそりて更《ふ》くる夜半《よわ》に
　　岩うつ波音ひとりたかし
　かゝれる友舟ひとは寐《ね》たり
　たれにかかたらん旅の心

二　月影かくれて烏啼《からすな》きぬ
　　年なす長夜も明けに近し
　起きよや舟人をちの山に

横雲なびきて今日ものどか
——格調ある漢文体がいい。

あはれの少女《おとめ》

一　吹き捲《ま》く風は顔を裂き
見る見る雪は地にみちぬ
あはれ素足のをとめ子よ
別れし母をよばふらん

二　つゞれの衣《きぬ》のやれまより
身を刺す寒さいかほどぞ
あはれぬれゆくをとめ子よ
世になき家をたづぬらん

三　こがねの柱玉の床
世界は同じうちなるに
あはれこゞえしをとめ子よ
たゝずむ軒もうづもれぬ

――美文調のロマンがあふれる。さらに当時の京都市歌もある。

一　山麗しく、水清く
花の都の、名に負ひて
偲《しの》ぶにあまる、代々の蹟《せき》
實に懐かしき、我が京都

二　天津日嗣《あまつひつぎ》の、大詔《みことのり》
あげますところ、永久《とこしえ》に
此處《ここ》の宮居と、定まりて
實に譽《ほまれ》ある、我が京都

三　古き都も、新しく
日々にすゝみて、榮《さかえ》ゆく
御代のおもかげ、此處に見む
實に頼もしき、我が京都

――そして卒業式歌。

一　恵《めぐみ》の露にうるほひて

教《おしえ》の庭に咲き匂ふ
花の色香はおしなべて
時をうるこそ嬉《うれ》しけれ

二

深き海にもまさりける
教の親の志
うけて學《まな》びの沖をこぐ
舟のしるべぞたのもしき

三

同じ梢《こずえ》の百《もも》千鳥《ちどり》
さへづる春にあひぬれば
彼方《かな た》此方《こなた》にとびかへど
花のねぐらは忘れじな

四

春にまづあふ鶯《うぐいす》は
早くも谷を立ち出《い》でて
花の林にうつるとも
雪の古巣をかへり見よ

――まず一番を全員で歌い、続く二、三番は卒業生、最後の四番は在校生が歌うという指定に、歌詞も意味深く感じる。応答される卒業歌は母校への思いを育てたに違いない。私は京都が好きな理由に「学生を大切にする町」をあげるが、その淵《えん》源《げん》はここにあったのだ。

＊

よいものを見た。旅は日常を離れるゆえに心がきれいになる。そこに響いてきたのだろう。

心がきれいになったら腹がへった。五条《ごじょう》大橋東の「辨慶《べんけい》」も京都昼飯の一軒。屋台から始めた初心忘るべからずと当時の路上写真を飾るのがいい。時分どきは近所の人やタクシー運転手が外で待つほど混む。ただし観光客は来ない。京都地元の人は観光店と自分の店をはっきり分け、後者は「みやび」も「どすえ」も京都ムードは全くない。しかし厳然とあるのは味の質の高さだ。

そういう店を知るのには山のように出ている京都ガイド本は全く役に立たず、地元の人に教わるに限る。この辨慶も近くに独りで住む女性編集者に「ふつうの店よ」と教わった。残業で遅くなった夜、ここに来て店の古い女性週刊誌など開きながら、ときにビール一本でゆっくり食事して一日を終えると言っていた。

品は何十種もあるが、私は〈きざみカレーそば七五〇円〉に定着した。

京都で〈きざみ〉とは油揚を細く刻んだもののこと。はじめはうどんだったが、しっかり出汁がきいたカレー風味の濃い汁は細いそばの方がよくからむと変えたところ大正解。かなり深い丼になみなみたるどろりとした汁に油揚と緑の九条葱が見え隠れ、下にはどっさりそばがある。箸をぱちりと割ったら後は一心不乱。

「何が悲しくて京都でカレーそば」と言うなかれ。これもここでしか食べられない味なのだ。

おいしいおいなりさんをつけると満腹に

決定、酸辣湯麺の王者

私は中華麺が大好きで、一種に凝るとずっと食べ続け、あそこが一番と決めたりする。

湯麺《タンメン》は専用の平打ち麺を使う東京三《さん》の橋《はし》の「大宝《たいほう》」が一番。担々麺《タンタンメン》は東京・都《みやこ》ホテルの「四川《しせん》飯店」だが量が少なく値段が高い。椎茸そばは横浜中華街「大新園《たいしんえん》」が絶品。焼き葱をたっぷり使う葱そばは「東京飯店」が銀座から六本木《ろっぽんぎ》に移っても追いかけていたが、だいぶ前にシェフが中国に帰ってしまった。ああ、あの味よ。

ここ数年のマイブームは酸辣湯麺《サンラータンメン》だ。とろりとしたあんかけにかき玉子、細かく刻んだ豆腐、椎茸細切りなどが入り、仕上げに真っ赤なラー油をかけまわす。字の如《ごと》く強烈な辛みと酸味が特徴だ。

最初にこれはうまいと知ったのは東京赤坂《あかさか》の「榮林《えいりん》」。その後あちこちで試し、現在のベストは東京代々木《よよぎ》駅前の「山水楼《さんすいろう》」だ。山手線に乗って通ると、ちょっと降りて食べようかなと思い（そうしたこともある）、仕事場からわざわざ電車でゆく時もある。毎月散髪する原宿《はらじゅく》の理容室店長に話すと、早速若いのたちと行ったそうで絶賛していた。

中華麺は一つおいしいと他も良く、十数種もある中から別のも試みたが、それを食べるということは酸辣湯麺が食べられないことと気づき、以降迷わなくなった。

——閑話休題。

＊

滞在中の四条烏丸《しじょうからすま》のホテルから昼に出て、西の路地に入ってみると、スクラッチタイル貼り外壁に鉄とガラスの二層ファサードを施した、堅固な風格のヨーロッパ風二階建てビルに気がついた。玄関いっぱいに「膳處漢《ぜぜかん》」という大きな茶色暖簾がさがり両側の長い板墨書は「盛世春意暖」「瀚墨更生暉」。中華料理店のようだ。

外に置く「昼菜單」の名物ふかひれ麺は、ほぐし一八〇〇円／姿胸ビレ二四〇〇円／姿尾ビレ五〇〇〇円と高価だが、海鮮つゆそば一六〇〇円、鶏ゆず麺一二〇〇円、酸辣湯麺一二〇〇円あたりは手ごろだ。早い昼どきに暇そうに着飾った中年奥様連がグループで大勢入ってゆく。コストパフォーマンスに最もウルサイ方々が団体で入るのならまちがいないかなと私も後についた。

入って驚いた。奥に通じる洋館エントランスは天井高く、右は革ソファが重厚な応接室。その先の待ち合いロビーは立派な一人用籐《とう》椅子がいくつか置かれ、大きなペルシャ黒猫の置物、丸い中国飾り棚。桃の花が盛大に活《い》けられ、巨大な風神雷神と唐獅子《からじし》の壁画に天窓から光がそそぐ。向かいは黒カウンターの中華風スタンドバーで、白シャツ黒ベストの女性が瓶を拭いている。手前フロントは映画で見る上《シャン》海《ハイ》あたりの一流ホテルロビーの雰囲気だ。

いささか気圧《けお》されていると黒スーツのフロントマンが「お一人ですか」と声をかけてきた。

「おそば一杯ですがよいですか」

「どうぞどうぞ」

案内された一段上がった左は白壁の洋室で内装は重厚な中国風。床は木張り、格《ごう》天井《てんじょう》にシャンデリア、一方は幅広い銘木板戸の一面に漢文が墨痕淋漓《ぼっこんりんり》と大書され

奥の窓にも注目

る。欄間はギリシャ唐草の透かし木彫、背の高い中国家具の精緻《せいち》な木彫は何かの物語を刻むようだ。

今来た通りに面した大きなガラス窓がすばらしい。細い青銅で二重格子に区切り、平滑、荒い波、細かなちりめんと三種のガラスを工芸品のように精巧に組み合わせ、透かす光の先に行く人の姿影が見える。赤い座の背高椅子が囲む円卓は要人昼餐《ちゅうさん》室の趣だ。

ここは昭和初期に建てた呉服商「富長《とみなが》」の邸宅で奥の住居は広い庭を囲む京町家、表の店は洋館に造った。洋館で呉服を商うとはさすがモダン京都だ。その建物を十年ほど前に中国風に内装、店名「ぜぜかん」は天智《てんじ》天皇が大津《おおつ》に都を遷《うつ》したときの御厨《みくりや》＝膳所《ぜぜ》（料理所）に依《よ》り、北京《ペキン》宮廷料理にふさわしい名づけとしたそうだ。

酸辣湯麺を注文して待つと、運んできた蒸籠《せいろ》の蓋をとり、湯気をあげる小ぶりの肉饅《にくまん》を見せる。

「これは注文してませんが」

「いえ、お昼のサービスです、いくつでもお取りください」

へえいいな、しかも「いくつでも」。ではと二個お願い。「追加もご遠慮なく」とにこやかにもどってゆく。いい店だなー。

そして酸辣湯麺が届いた。真っ赤なあんかけに更に真っ赤なラー油タラーリ。かき玉子、縦細切り豆腐、刻み木耳《きくらげ》・椎茸、そして緑鮮やかなパクチー（香菜）が異国の匂いをかきたてる。では……。

底に沈む麺はそうめんのように細いが腰がつよく、濃厚な汁にからんでも少しもへたらない。一体と化した酸と辣は溶鉱炉のマグマとなって脳天を直撃。没入忘我満汗冷水失神気絶仙境昇天に導き、日本一酸辣湯麺はここに新王者を迎えたのだった。

松本

松本のソウルフード、塩いか

新宿から松本までスーパーあずさでおよそ二時間半。

頃まさに五月。東京郊外の家並みや学校周りの樹々《きぎ》は緑鮮やかに存在を主張して、案外緑が多いんだと思わせる。しかしそれも東京を抜けて山間《やまあい》に入ると、緑、緑、緑の一色だ。白緑、萌《もえ》緑、薄緑、黄緑、灰緑、浅緑、若緑、水緑、瑠璃《るり》緑、青緑、抹茶緑、深緑。

樹々により異なる緑色はそれぞれがこんもりと盛り上がって山にまだら模様を描く。信州の山奥で育った私は、二階教室の窓から飽かずに山を眺め、美術の写生では緑色の描き分けを得意とした。

ホテルに荷物をあずけ、まだ明るいがそのまま中町《なかまち》の居酒屋「あや菜《な》」へ直行。

「こんちは」

「あら！　太田さん」

ママさんが胸前で手を叩《たた》き、奥に「太田さん来たわよう」と声をかけた。

ぐぐぐー……。

初夏の故郷で飲む生ビールよ。

「いらっしゃいませ」

奥で支度していた娘さんがお通しを手に出てきた。あや菜は母と娘の小さな店だ。

小鉢のお通しは、混ぜて粘りを出した深緑のメカブを真っ白なシラスで和《あ》え、赤いイクラをあしらって美しく、味もたいへんよい。

「お通しおいしいじゃん」

「ありがとうございます」

手を前に合わせぺこりと頭を下げる娘さんを、座ったままのママさんがにこにこと見る。それを盛る、扇面を半開きした形の白小鉢は両脇に赤い絣《かすり》模様をあしらってなかなかに良いもので、ママさんの安曇野《あずみの》の大町《おおまち》市に百年続く実家から持ってきたそうだ。

婚礼用などに何十客もある昔の食器を、もう使わないと一部を店に運び「これがいいと選んだのは私」と娘さんが胸をはる。母が持ってきた小鉢を娘が選んで、自分の料理を盛った。

昨年、ある旅行雑誌におおむねこんなことを書いた。

〈蔵の並ぶ中町の家庭料理「あや菜」はどこか素人ぽい雰囲気を残す。松本は私の故郷で「商売のことなど何も知らずに始めてしまって、もう二十七年」と言うママさんとは長い知り合いだ。

その店は娘が手伝うようになって一変した。娘のはるなさんは、演劇を志して東京に出たが料理に興味がうつり、修業を重ねて大きな店も経験。フグ調理師免許も取りスッポンもと、大いに張りきって母の店の厨房《ちゅうぼう》に立った。しかし松本は黙っていても予約が入る東京の大店《おおだな》とはちがい、腕を発揮する機会も少なく「しばらく、くさっていたようです」とママさんは語る。そんな彼女が、母の出す地元の《塩いか》でゆっくり酒を楽しむ客を見て母の手料理を学ぶようになった。

例えばその《塩いか》は、生魚のない山国信州のためだけに日本海で作る塩蔵品の塩漬いかときゅうりを和える郷土料理だが、塩の抜き加減、きゅうりの切り方や

塩いかは、初夏の酒に最高

バランスなど単純なだけに難しく、私は以前、止《よ》せばよいのに「この塩いかはだめだ」とはるなさんに言ったことがある。その後再訪すると、すばらしく良くなっていて「これだよこれ」と箸を振ると、にっこりしてくれた。

常連ばかりだった店に初めての客が増えはじめ、今は大忙しだ。「はるなさんの力だよ」「いえいえ、母を見たんです」と答えるのは本当のようだ。

研究熱心な料理はフグ、スッポンも松本の人に親しいものとさせ〝素人で始めたという母に学んだ郷土の好みや素材を尊重しながら、習い覚えた腕をふるった料理〟は全開した――〉

この記事を見たという客が大勢訪ねて来るそうで何よりだ。

＊

上京したはるなさんは劇団「青年座」の研究所を卒業して、若手劇団「朋友《ほうゆう》」に入り、舞台で二度主役をつとめたが、貧乏劇団の打ち上げ料理をまかされて作るうち、味は評判、本人も面白くなり調理師学校に方向転換した。

今は地元「中町商店街振興組合」の若手理事で、名水の町・松本の、中町の井戸から汲《く》んだ水で酒造りをすることになり、皆で井戸水を運び、市内の蔵で仕込んだ純米酒「中町」は中町でしか飲めない酒で〝水がおいしい〟傑作だ。

はるなさんは頭にバンダナ、花柄の鯉口《こいくち》、パッチに小さな黒前掛けと車引きのような威勢のよい格好がピタリと決まる。これで町に買い物に出るが「昼見たよ」という客が来て恥ずかしいそうだ。

「何を言う、見られてナンボの役者魂を忘れるな」

「はい」（笑）

注文した〈塩いか五三〇円〉は、きゅうりを縦切りにしたのが工夫で、以前はなかった小蕪《こかぶ》の赤が女らしい素敵なアクセントになっている。これぞ私のソウルフード。

――帰ってきたぞ、松本に。

鹿肉タタキは七味も合う

家庭料理「あや菜」のママさん・内田さんは、松本深志《ふかし》高校の二年先輩だ。母校愛の強いわが校は、先輩は〝親より偉い〟。よって頭は上がらないが気心は同じだ。最高規範は「自治」。なにごとも学生が考え、学生が実行する、学校はそれを支援するという自由な校風は学内活動を活発にした。私は美術部「アカシヤ会」に入り、制作の日々だった。

長野県らしく学生の登山は日常のことで、私も友人と常念岳《じょうねんだけ》などにテントをかついで登った。山岳部は盛んだったが、ある年の合宿山行の帰りに事故（といっても下山解散後に丸木橋から落ちただけだが）があり、先生の同行しない個人山行は禁止となった。内田さんは、自由に山に登れないのは困ると山岳部に入部を希望したが「女は入れない」となり、敢然と「では女子山岳部を作ります」と宣言して実行。自ら部長に就任した。

「へえ、何人いたんですか？」

五人。最初の山行は燕《つばくろだけ》岳から槍《やり》ケ《が》岳《たけ》の北アルプス表銀座縦走。

「一緒に登った先生は？」

「筑《ちく》郁《そん》なのよ」

「へえ！」俳号・筑郁こと藤《ふじ》岡《おか》先生は国語現代文で、映画に詳しく話せる先生だった。体は頑健というよりは文学派だが、女子山岳部の創立を面白がり買って出てくれた感じだったそうだ。表銀座縦走なら三日ほどのテント泊だ。

「筑郁はついて来れたの？」

荷物はだいぶかつぎましたと笑う。内田さんの父は軍医もしていた外科医で、北アルプスのふもと豊《とよ》科《しな》警察署の山岳医でもあり、遭難者の手当てには待ったなしで緊急登山した。内田さんも子供のときからアルプスにはどんどん登っていた。

「山ガールのはしりですね」

当時は今のようにすすんだ道具はなく、重いキスリング、布テント、軍手とおしゃれゼロと笑う。深志高校山岳部は結束強く、毎年七月第一土曜はOBOG同窓会でいつもたいへん盛大だそうだ。

＊

さてもう少し何か。当店の料理は娘のはるなさんが作る。松本はヨーロッパ系の外国人観光客がとても多く、それならと品書きに手書き英文を添えた。今食べ終えた〈塩いかきゅうり〉は〈A famous Matsumoto snack food. Salted squid with sliced cucumber.〉。〈ふきたっぷり味噌《みそ》〉は〈mixed miso and "huki"(huki is mountain vegetable)〉。

松本で飲食店を営むなら避けて通れない各店が味を競う松本新名物〈鶏《とり》の山賊焼〉には意欲を燃やし、特製ピリ辛ソースと、青葱《あおねぎ》・白葱・サラダ菜・ミニトマト・糸唐辛子《いととうがらし》を野菜たっぷりのサラダ感覚に仕上げた大作は、舌の肥えた客に「松本一」と絶賛された。しかしこれはボリュームがある。「信州ジビエ／上質な赤身肉使用」とある〈鹿肉のタタキ一三〇〇円〉だな。

末広形の皿に小枝の簾《すだれ》を敷き、葉蘭《はらん》に鮮赤のロースと黒赤のもも肉が刺身のように並ぶ。浅葱《あさつき》・茗荷《みょうが》・貝割れ大根などつま野菜たっぷり、小皿は醤油《しょうゆ》とぽん酢。カツオタタキのように少し炙《あぶ》った外側だけ白く、中は生。ローストビーフに似て、鴨《かも》よりあっさり、馬刺より上品。しっとりした噛《か》みごこちにほのかに野性味が香りとてもおいしい。

薬味はにんにく・しょうが・わさび。信州の家庭には必ずある善光寺《ぜんこうじ》名物の赤缶「八幡屋礒五郎《やわたやいそごろう》の七味唐辛子」も合う。ぽん酢は京都風になる。外国人客は赤ワインを注文して「Wonderful! Delicious!」を連発するそうだ。

鹿はいっぱいいるが鉄砲撃ちがいなくて、伊那遠山郷《いなとおやまごう》の獣肉専門会社から仕入れている。信州ならばこれに、こごみ・こしあぶら・たらの芽など、今が旬の山菜を合わせてみるか。珍しい生ホップの新芽は、唐花草《からはなそう》という美しい名で昔ビール用に栽培していたが、採算が合わずやらなくなった。それが野生化して育ち「おいしいから食べてみて」と持って来た人がいて置くようにしたが、野生だけに量がとれず流通にはのらないそうだ。その〈野生ホップの芽のおひたし〉は、意外や優しい味だが、芯には強い苦味を秘め、成長するとあのビール味になるのだろう。

店に小さく流れるのはフリッツ・クライスラーのバイオリン曲「愛の喜び」。続くバイオリンソナタも聴き覚えがある。額の白黒細密画のモデルは少女の頃のはるなさん。自分の少女時代が写真ではなく絵で残っているのはうらやましい。世の中に興味を持ち始めた賢そうな顔だ。

松本は、岳都・学都・楽都に加え味の街にもなってきた。名バーもたくさんある。青春時代を送った町が良い町になってゆく。その良さは国際音楽祭や、まつもと大歌舞伎など、流行ではない本格文化であることがうれしい。

「内田さん、一杯飲まない？」

「いただくわ」

「はるなは？」と聞くと「こっそり飲んでました」と笑うのでした。

――それから三年、はるなさんは結婚。元気な子供も生まれ、夜は店の隅にベビーサークルを置いてお仕事。やってくる客は皆、赤ちゃんに夢中になり、「もう親孝行」と笑った。

食べかけの鹿肉のタタキ、ほんとは八切れありました

こしあぶらは山菜の女王

風薫る五月の松本。松本民芸館を訪ねよう。

「いいお天気ですね」

「ああ、今ごろは一番いいですね」

タクシー運転手もどこかのどかだ。このあたりは昔は一面のぶどう園だったが今は住宅と畑だ。

道は小高くなり、西の松本市街の先は北アルプスの全容が紺碧《こんぺき》の空にくっきりと連なる。左奥の乗鞍岳《のりくらだけ》あたりはまだ真っ白だが、右手前の連山は青い山肌に白い残雪が美しい。中央にそびえるピラミッド形の常念岳は最も姿良く、松本市民に人気の山だ。

「ぼちぼち、常念坊が出るんじゃない」

「そうですね、ちょっと止めてみますか」

運転手と二人で車を降りて農道の端に立ち、指差して腕を組む。

常念岳の斜面に、とっくりを手にした坊主が黒い姿で現れる常念坊の雪形は、安曇野に田植えの時期を知らせる。

「あれかなあ」

「もうちょいですかね」

あたりの空気はあくまでさわやかだ。

「今は玄向寺《げんこうじ》の牡丹《ぼたん》が見頃ですよ」

玄向寺は松本民芸館の少し先だそうで、ちょっと寄ってみよう。運転手には待っていてもらうことにして角の仁王門で降りた。

一角に立つのは、松本駅前にも大きな像のある播隆上人《ばんりゆうしようにん》像だ。駅前のは右手に錫杖《しやくじよう》、左手に大数珠《おおじゆず》、烈風に衣を翻す烈々たる姿だが、こちらのは若い僧形《そうぎよう》だ。

播隆上人は文政《ぶんせい》十一（一八二八）年、槍ケ岳に初登頂して厨子《ずし》と阿弥陀如来《あみだによらい》・観世音菩薩《かんぜおんぼさつ》・文殊菩薩《もんじゆ》の三尊像を安置。その後も入山を繰りかえして登山道を拓《ひら》いた。

そもそもはこの玄向寺・立禅《りゆうぜん》和尚《かしよう》の紹介で安曇郡の村役人宅に逗留《とうりゆう》したのが始まりだ。像の向くのは槍ケ岳。北アルプスのシンボルに私も登ったが、最後は梯子《はしご》で、頂上は十畳間くらい。上が下りると下が上がる交替登頂だった。

仁王門前から始まる緩い上り坂一本道の右は寺の白土塀、左は百体観音石像が並び、正面は緑濃い山、その上は真っ青な空。両側は満開の牡丹がどこまでも続く。純白、黄、桃色、薄紅、鮮紅、濃赤、臙脂《えんじ》、赤紫……。

〈白《はく》牡丹といふといへども紅《こう》ほのか　高浜虚子〉

黄牡丹のキュートな色気。白花弁が芯奥に濃桃色に染まる大輪は湯上がり肌のように色っぽく、遠慮ない全身赤紫は年増の色香の妖艶にたじろぐようだ。緑豊かな葉叢《はむら》に、径一五センチはあろうかというぼってりした大輪が重さに堪えかねるよう危うく支えられ、その絢爛《けんらん》はまさに「百花の王」。これに「百獣の王」獅子《しし》を合わす「唐獅子牡丹」は日本の最も豪華な画題だ。

道に沿いずらりと並ぶ、高さ五〇から七〇センチほどの百体観音石像は、幼さの残る合掌像、楽器を弾ずる立てひざ、千手の瓶子《へいし》、蓮華《れんげ》を手に腰をひねる女体など、どれも見飽きない。苔《こけ》むした石像に背後からしなだれかかる牡丹の大輪は、修行と

山菜こしあぶら、奥はあけびの芽

誘惑、精神と官能、死と生、エロスとタナトスの如《ごと》し。

　戻ったが、待つ運転手は見物に来た日傘のお年寄りと話し込み、もう少しいいだろうと寺に入った。

　境内は本格的な牡丹園が石灯籠《いしどうろう》を囲み、藤棚は満開に青紫の大房を下げ、胴径一・五メートルはありそうな巨大な老杉が垂直に天を衝《つ》き、松の古木は横に下に太い幹を這《は》わせ、そのすべてが新緑に輝く。これは本当に良い時に来た。

「待たせちゃってすみません」

「いえいえ、いいとき来ましたよ」

　牡丹は開花期が短くせいぜい一週間。ジージーとうるさい蟬《せみ》は今日の夏のような天気のせいだろうと。三年前、玄向寺若住職が当寺で結婚式をあげた奥様はフランス人美人で評判になったとか。ドラマ『マッサン』のような話だ。民芸館はまた今度来ることにして市内に戻った。

＊

　さて夕方。松本が故郷の私は、大正ロマンの街と銘打つ上土《あげつち》通りの、最も昔のままの路地の居酒屋「きく蔵《ぞう》」へ。角の古い和菓子舗「金月堂」が更地になっている。

「金月堂なくなったじゃん」

「そうだよ」

　きく蔵に入るなり白髭《しらひげ》の主人に声をかけた。「まったくあっと言う間せ」奥さんも言葉を継ぐ。この路地のランドマークだったのにな。

　さあて今の時季なら山菜だ。

「雪菜《ゆきな》ある?」

「あれはまだ採れないだ、六月」

「こしあぶらどうずら、筑北《ちくほく》の」

　故郷の言葉で薦められれば文句はない。筑北は長野市に近い姨捨山《おばすてやま》のふもとで、私はそこの中学を出た。お浸しの鮮烈にしてしなやかな苦味は、奥さんの言うとおり〝山菜の女王〟だ。

「昼に玄向寺の牡丹見てきたよ」

「あ、時季だね、日曜に行くかな」

「う~ん、どうかな、あと三、四日じゃないかい」

　知ったような顔で、いっぱしに現地通を気取る私でした。

わらび鍋は上品な野趣

松本平の東山裾は手前から里山辺《さとやまべ》、山辺、入山辺《いりやまべ》と言う。里山辺のおちついた農道の先、緑濃い大樹を囲む黒瓦白土塀の屋敷が松本民芸館だ。質素にして端正な長屋門から、不ぞろいを連ねて続く石畳がいい。履物を布草履にはきかえて館内に上がった。

館内説明の大略は次のようだ。

〈松本民芸館は工芸店を営んでいた丸山太郎《まるやまたろう》（明治42～昭和60）が、柳宗悦《やなぎむねよし》の唱導した民芸運動に共鳴し、昭和37年に創館。名もなき職人が手仕事でつくった日用品の持つ美しさ、健やかさ。自ら工芸作家であり蒐集家《しゅうしゅうか》であった丸山の「たしかな眼《め》」にかなった収蔵品は、陶磁器、染織物、箪笥《たんす》など約六八〇〇点に及ぶ〉

第一展示室ガラスケースの「櫛《くし》蒐集」は木曾《きそ》、飛騨《ひだ》、京都、江戸、東北、台湾、インドネシア、エチオピア、ザイール、ケニア、アマゾンなど世界におよぶ。

竹や籐《とう》のさまざまな編み籠は雄大に大きい。李朝《りちょう》や日本の帖《ちょう》箪笥、船箪笥、仙台箪笥のみごとな錺《かざり》金具に見とれる。

昭和二十八年の白黒写真は木工家具の指導に松本の現場に来たバーナード・リーチを柳宗悦、河井寛次郎《かわいかんじろう》、黒田辰秋《くろだたつあき》らが囲む。

民芸の町松本を代表する松本民芸家具の創始者・池田三四郎《いけださんしろう》（明治四十二〜平成十一）は、昭和二十三年、丸山太郎に誘われた京都の「第二回日本民藝《みんげい》協会全国大会」で柳宗悦の講演に感銘。自分は何をすべきかを相談すると、無くなろうとしている松本の伝統木工の復興を助言され、以降、専心するが簡単にはゆかなかった。

その一つは当時の職人に蔓延《まんえん》していた「手抜き癖」の改革だったが「理想で飯が食えるか」と反発していた職人も次第に池田の真剣な姿に「金銭を越えた自分の仕事の誇り」を見いだしてゆく。それは「理屈が通れば守る」という信州人気質もあった。何度も松本を訪れた柳、リーチらの助言で英国ウィンザー家具を基調にした骨格ができてゆく。

同時に池田は職人たちの聞き書きを続けた。著書三部作『木の民芸』『石の民芸』そして『金の民芸』の冒頭「金庫の金具」に「松本最後の錺職人」として私の祖父を書いている。祖父・太田與壽《よす》(明治十五〜昭和三十一)は松本簞笥錺金具職人の四代目で、池田と仕事場に来たリーチが祖父の仕事を熱心に一時間も見ていたのを、まだ幼かった私の叔父《おじ》は憶《おぼ》えているそうだ。

小さく素朴ながら睨《にら》みをきかす石像は地獄で亡者を裁判する「十王像」だ。松本城主・石川氏は築城にあたり東西南北にこれを置き、鎮護と里程標にした。

似た石像「奪衣婆《だつえば》」は、三途《さんず》の川で死者を待ちかまえ、衣服をはぎ取り衣領樹《えりようじゆ》という木の上にいる懸衣翁《けんえおう》に渡し、枝のたわみ方で生前の罪の軽重をはかるという。

今は途絶えた信州の窯《かま》、松代《まつしろ》焼、洗馬《せば》焼、高遠《たかとお》焼の甕《かめ》や酒器、片口《かたくち》などに目が釘付《くぎづ》けになった。

厚く硬い黒褐色にかけ流された白濁、蒼《あお》、緑の奥深い玲瓏《れいろう》な艶のなんという美しさ。特有の青緑色は土に含まれる鉄と二種類の釉薬《ゆうやく》二重かけ流しの化学反応によるという。各地で陶器名品を見たがこれほどのものはなかった。高名な作家にも決してない「黙した美」がここにはある。初めて陶器を座右にしたいと思った。

充実した気持ちで玄関を出た庭は、名園名庭とはちがい、自然のままのクヌギやナラの木立で、下草にさりげなく石仏を置く。枝打ちの人を見ていると手を止め「あんまり切っちゃってもいけねだ」と楽しそうに笑った。

＊

「こんちは」

「あ、太田さん」

蔵の町・中町の居酒屋「よしかわ」は一昨日入った「あや菜」のすじ向かいで、七年前の同じ頃に店を始めた同士は仲がよい。

「あや菜の鹿肉うまかったよ」

「ああ、彼女はよく勉強してます」

包丁を手ににっこり笑う。諏訪《すわ》湖畔・岡谷《おかや》出身の主人が日本料理の修業をしていた東京西麻布《にしあざぶ》の店を私は時々訪ねていて、後日それがわかり驚きあったことがあった。修業を終えて松本に初めて八寸、造里《つくり》、焼物などきちんとした料理を出す店を作り、松本出身の美人を奥様にもらった。

お通しは〈穴子胆《きも》煮〉。

〈行者にんにく正油漬〉に添えた〈鮎味噌《あゆ》〉がいい。〈鯵《あじ》なめろう〉は一尾を捌《さば》くところから始め、盛る黒の油滴天目《ゆてきてんもく》皿がいい。主人が皿小鉢を買いに行く飛騨高山《たかやま》の道具屋が私も行く店で親しみがわく。

本日の狙い目〈わらび鍋八五〇円〉は、出汁《だし》に鶏肉、車麩《くるまふ》、筍《たけのこ》少し、わらびたっぷりを土鍋で煮て木の芽をまぶす。煮えたわらびは粘りが出てたいへんおいしく、山菜の野趣を上品に楽しめる。

秋田の地酒「花邑《はなむら》」の徳利を置く布コースターは、縫い付けたワイシャツの白ボタンがアクセント。盃《さかずき》のは木の葉形。それを褒めると「オフクロが勝手に作ってくるんですが、ちゃんと使ってるか見に来るんですよ」と奥様と顔を見合わせて笑った。

わらび鍋と木の葉形コースター

古民家で蕎麦つるり

山辺の松本民芸館からのどかな田畑沿いを歩くと、〈美ケ原《うつくしがはら》温泉へようこそ〉のアーチになる。

車一台ようやく入れる、やや登りに折れ曲がる道は、ナマコ壁の蔵造りや、思わず見上げる木造三階建てなど一軒旅館が建ち並び、手入れされた松の老樹、打ち水の玄関が迎える昔ながらの温泉宿は夫婦の旅にぴったりだ。

『日本書紀』に天武《てんむ》天皇の信濃《しなの》山辺（当地）遷都計画なるものがあり、信濃の地形図を献上させ、天武十四（六八五）年十月、束間《つかま》の湯（現・美ケ原温泉）へ行幸しようとしたと解説がある。

下った平安時代の中ごろ、信濃国司下向の源惟正《みなもとのこれまさ》に同行した宮廷歌人・源重之《しげゆき》は、道中で得た重い眼病をここで湯治。霊夢のお告げで薬師如来像を安置したところ日ならずして平癒。〈いづる湯のわくに懸れる白糸はくる人絶えぬものにぞありける〉と詠み、勅撰《ちよくせん》『後拾遺和歌集《ごしゆうい》』に収められ「白糸」の美称が生まれた。

また藤原信成《ふじわらののぶなり》の娘の灼熱《しやくねつ》の恋歌〈わきかへりもえてぞおもふうき人は束間のみ湯かふじのけむりか〉は名作とされる。当湯は以降、代々松本城主の格別な庇護《ひご》を受けてきた。

辻《つじ》に「文学の小径《こみち》」碑が建つ。

〈文豪島崎藤村《しまざきとうそん》は当温泉に滞在し朝夕この道を散策して小説の構想を練った。「松本から先には山辺行きの……」で始まる小説「三人」はこの温泉を舞台にして書かれ大正十三年に発表された。「楽しい湯の香に身を浸して筧《かけひ》のやうな細い落ち口から絶えず流れて来る温泉の音に耳を澄した時は、漸《ようや》く實子も旅の疲れを忘れた。」とある。藤村を偲《しの》ぶ小径でもある〉

その小径はナマコ壁や板壁、竹垣の間を幾度も斜めに折れ、また枝分かれして小さな宿に導き、下駄《げた》に懐手の森雅之《もりまさゆき》と芸者姿の山本富士子《やまもとふじこ》が人目を忍んで歩けばぴったりだ。

一角の「美ケ原温泉ゆかりの歌人」は、

〈旅人と我名呼《よば》れん初しぐれ　芭蕉《ばしょう》〉

〈いにしへのつかまの出《い》て湯《ゆ》ひなさびて麦ふにまじるれんげうの花　折口信夫《おりくちしのぶ》〉

〈みすず刈る南信濃の湯の原は野辺の小路に韮《にら》の花さく　伊藤左千夫《いとうさちお》〉

「みすず刈る」は信濃の枕詞《まくらことば》。まさにここは文人の宿だ。

温泉一帯は足元を照らす低い灯が点在して夜は風情を作るだろう。そこに様々な歌が書かれる。

〈夕されば河鹿《かじか》鳴くとふすすき川旅のいそぎに見つるかも〉

〈湧きそめし昔はいつとしら糸のくる人たえずみゆとこそきけ〉

〈いとつらき別れをやせん玉鉾《たまほこ》の道のちまたのこのもかのもに〉

〈玉の緒もさらに延はえん白糸の絶えぬ流れにゆあみするみは〉

〈白糸の名に引き流す言の葉に見ぬ世をみゆのもとにこそ知れ〉

〈立ちよりて雨やどりせん里もなしぬるるまま成路の夕立〉

〈世のわざもしばしはここにしら糸のかかる湯あみに忘れやはせぬ〉

〈湧くみゆのぬるくしあればさびしかなをぼけはめぐし惜しきをぼけや〉

初夏の風の座敷で冷たいせいろ

ひと湯浴びたほてりを涼めつつ詠む歌は古典調が多いのは、文学的感興が深まったのか。私にぐっと来たのは次の色っぽい句だった。

〈夜の花に湯の湧くをけや枕もと〉

＊

小径を抜けると大きな古民家のそば屋「米十《よねじゅう》」があった。絶好の場所に絶好のものが。大戸にはめた低い障子戸をくぐり、框《かまち》に腰をおろして履物を脱ぎ、案内された座敷は「田」の字に隣り合う六畳、八畳、十畳、十六畳の戸障子を皆とりはらい、初夏の清風が吹き抜ける。客は私ばかりで、さてどこに座ろうかと迷い十六畳の大廊下脇に腰をおろした。

「いらっしゃいませ」

頭に布を巻いた婦人が腰をおいて冷たい麦茶を差し出す。品書きに〈信州・穂高《ほたか》の大庄屋「等々力《とどろき》家」その賄《まかないかた》方に伝わる蕎麦汁《そばじる》を今に伝える〉。これだな。

「せいろをください」

「かしこまりました」

広間の黒々とした柱は太さ一尺、腰板障子が規矩《きく》正しく並ぶ。隅に大きく囲炉裏《いろり》を切り、自在鉤《かぎ》を吊《つ》る鯉は躍動感がいい。見上げるとそのまま三角の屋根裏で、太さ五〇センチはあろうかという巨大な天然木の梁《はり》が交錯し、屋根を支える斜め丸太組に萱《かや》を藁縄《わらなわ》で縛りつけているのが見える。立ちあがって見に行った奥の八畳は天井張りの座敷で、床の間の塗り書院窓は竹林の透かし木彫、巾着袋をデザインした釘隠しが立派だ。

戻って、お通しのキャベツ漬をいただくうち〈せいろ八〇〇円〉が届いた。大根おろしをつゆに落として、つるつるつる。細い平打ちの香りは清冽《せいれつ》で甘味がある。ひなびた山家《やまが》のそばというよりは、庄屋屋敷のもてなしそばだ。これは最高の昼飯だなと、ざぶりとつゆに浸けるうち、だんだんつゆが足りなくなって最後はバランスをとって仕上げた。

なじみの麻婆豆腐に舌しびれ

美ケ原温泉の古民家そば屋で冷たい信州蕎麦をたぐり、外に出ると初夏の風が気持ちよい。これで温泉でも浸かれば最高だなと歩いてゆくと、おお、あったあった、公衆浴場「ふれあい山辺館　白糸の湯」。一階は木格子の壁に三角屋根の玄関、二階は白塗り壁に瓦屋根、L字に折れる武家屋敷のような立派な館だ。

大人三〇〇円、タオル一〇〇円。脱衣場の効能書き〈白糸の湯は「湯の原温泉」から毎分120ℓ、1時間7・2kℓ、1日172・8kℓにおよぶ大量天然温泉の供給をうけるすべて「かけ流し」です。効能が類い希《まれ》と評判なのは優れた泉質と全てが本物の天然温泉だからです〉と量、質ともに自負にあふれる。浴室入口にかかる温泉風景の絵入り書額「名湯今昔」は明治二十九年八月・伊藤左千夫作とある。

広く清潔な浴場は昼間にけっこう混み、世間話しながらの湯治のようだ。その先奥の白木塀で囲まれた露天風呂に身を沈めた。

ふうー……。

風呂に勝るものはないのう。

岩風呂の湯はぬるめに調整されていつまでも入っていられる。ここに住んで毎日ここに来たら長生きできるな。

湯上がりの体をさましながら番台女性に聞くと、この「白糸の湯」は明治から続くという。上に飾るのは改築前のお湯のかけ流し口の陶器装飾で、口を開けた亀、目の細い羊、子供が抱いた壺《つぼ》がおもしろい。古い宣伝ビラ〈松本駅前からバス・大人13円子供9円　毎分六斗の湯量にて「こんな良い湯は他にない」と松本市民の皆様からよろこばれています〉がよかった。

＊

翌日、東京に帰る日が来た。いつも来ている故郷松本だが今回は松本平、東山裾の山辺地区ばかり歩いて、昼に市内にいるのは今日がはじめてだ。遅ればせながら松本総鎮守「四柱《よはしら》神社」に手を合わせよう。

社殿に渡る小さな石橋に由緒あり。
〈聖蹟《せいせき》　御幸橋　明治天皇信濃地方初めての御巡幸の際、松本の行在所は四柱神社併設の神道事務分局と定められた。明治十三年六月二十四日松本御到着。午後三時三十分、当日午前竣工《しゆんこう》したばかりの鑿痕《さつこん》清きこの石橋をお渡りになり、行在所へとお入りになられた。よって御幸（みゆき、天皇陛下のお出まし）橋と命名し奉る〉。〈鑿痕清き〉がいい。

ぱんぱん。

四柱神社は『古事記』巻頭の〈天地初発の時、高天原に成りませる神の御名、天《あめ》之《の》御中主神《みなかぬしのかみ》、高皇産霊神《たかみむすびのかみ》、神皇産霊神《かみむすびのかみ》〉わが国で最初に出現された三神と天照大神《あまてらすおおみかみ》を御祭神とすると説明され、山深い信州にも歴史があるのだ。

神前で手を打つと気が晴れた。私の父の実家は松本市内だが学校教師で県内を転任し、幼い私は松本で暮らしたことはなく、実家に帰るのは盆暮れくらいだった。しかし山深い山村ばかりの任地にくらべれば松本は大都会で私は興奮した。この神社に父と参拝するのも恒例で、今も帰省すると必ず手を合わす。思い浮かべるのは父の顔だ。故郷はいいなあ。

松本の町は今とても素敵だ。自然石の舗道を幅広くとり、水の町にふさわしい流水路を縦横に巡らせてつねに清流が音をたて、樹々や花壇をうるおす。通りの二、三階ほどの建物は肌色などおだやかな中間色の欧風建物にゆるやかに統一して、ヨーロッパの山岳都市のような町並みをつくり出した。

ここ十年めっきり増えた外国人観光客はヨーロッパ系が多く、よく聞くのはドイツ語だ。昨日の夜居酒屋主人と話したが、彼らはながく滞在するがお金の使い方はシビアで無駄遣いしない。いつか私も、川沿いの道外に机を置いた焼鳥屋に入ろうか迷っている家族四人を見て「ここは良い店で、酒を飲まなくてもＯＫ」と英語でアドバイスしたが結局入らなかったようだ。風体よからぬ老年男の片言英語が怪しまれたのだろう。

さて昼飯。松本の最近のお気に入りは、昔総堀の土手に沿っていた「土手小路《こうじ》」の中華「百老亭《ひゃくろうてい》」だ。開店昭和四十六年。大柄な息子の二代目がすでに十五年腕をふるう。当店は高校野球甲子園常連の松商《まつしょう》学園野球部ＯＢの指定店でその額もある。ある日私のよく行く居酒屋主人と昼食で出会い、帰り際に「今晩ゆくからな」と言ったこともあった。

看板の〈明蝦巻《ミンハーキン》〉はプリプリの海老《えび》と黄ニラを米の皮で巻いて揚げたもので、上品な旨《うま》みはすばらしい。黄ニラは岡山、ライスペーパーは修業した横浜中華街の店から取り寄せている。

その彼の〈麻婆豆腐《マーボーどうふ》八五〇円〉は麻婆好きの私を狂喜させた。挽肉《ひきにく》は超粗挽き、太青葱はぶつ切り、ともに噛み心地強く味は濃厚。仕上げの花椒《ホアジャオ》はたっぷり。初めは甘く、次に辛く、そして痺《しび》れ、滲《にじ》んだ汗はまず額、そして首からも。

ハー、ヒー、フー、ヘー、ホー。

「う、うまひ！」

「あっははは、太田さんこれ好きですね」

「ひょうとみょよ」

汗をぬぐって食べ終え、次の松本発スーパーあずさに走ったのでした。

絶品麻婆豆腐、奥は明蝦巻

浜松

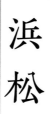

鰻もとめて浜松へ

田植えを終えて一面に広がる早苗は、吹きわたる風の流れを教えるように揺れ、あわせて水面《みなも》もさざ波が走り行く。一年でいちばんよい季節に、これほどよい眺めはあろうか。それは秋には豊饒《ほうじょう》の実りが約束される安心感だ。

東京から乗った新幹線の、私は窓側の席。隣に座った若い女性は足元を大きなキャリーケースでふさぎ、前の席の背のテーブルを下ろしてパソコンを開け、サンドイッチ片手にすぐに仕事を始めた。小さなテーブルには紙コップの飲みものも置かれていささか窮屈だ。もし私がトイレに立てば、通路に出るのに一大片づけ作業が必要だが、ま、いっか。

通路前方の流れる電光文字は「市民団体が、新東京国立競技場の計画白紙撤回案を文科大臣に提出」「露大統領、新たにミサイル40基の配置を発表」とニュースを伝える。

　しかし私の頭の中は、今から行く浜松《はままつ》でどこの鰻《うなぎ》屋に入ろうかという思案だ。老舗《しにせ》も調べたが、まあ現地に行けば案内があるだろう。考えても始まらん。ま、いっかと再び窓外に目をやった。

　はままつ〜　はままつ〜　お降りの方はお忘れ物に……。

＊

　駅の観光案内所でもらった「浜名湖《はまなこ》うなぎ味処《あじどころ》マップ」の三十の店は遠く浜名湖まで広大に点在して、自動車でなければ行けそうにない。市内の数軒は本日水曜日はほとんど休み。さて困ったな、明日にするかとも思うが、すでに鰻と決めた腹がウンと言わない。本日営業の「うな光《みつ》」と決めたけれど住所の東《ひがし》区上西町《かみにしちょう》はどこか全くわからずタクシーに乗った。

　運転手はカーナビをたよりに発車、すぐに市内を抜けて大きな国道をぐんぐん行く。

「ここは東海道ですか？」

「そうです」

およそ十五分が過ぎた。

「遠いところですか?」

「え、まあ、あと少しでしょう」

鰻代よりタクシー代が高いかもしれない。通りには鰻屋の営業中看板もあり、あそこでいいかとも思うが、なんだか意地になってきた。やがて「うな光、あれですね」と指差して停車した。

午前十一時半。座敷の隅に座った。〈どんなに忙しくても活《い》きたうなぎを注文を受けてさばくのが信条、素材のみならず、焼き方にもこだわります〉とある鰻重《うなじゅう》は〈特中二八〇〇円/特選三〇〇〇円・やや大きめでフルーツ付〉の二種。特選にしてやれやれとおしぼりを。さあじっくり焼いてくれ、タクシー代かけて来たんだ。

熱いお茶がうまい、さすが静岡。清潔な店内は男四人、高年家族四人、中高年男一人などぽつぽつと混んできて、平日は昼だけ営業とあったが、市内から遠くてもやはり食べに来る人がいるんだ。

貼り紙は〈うなぎ珍酒(心臓入り)盃《さかずき》一杯一五〇円　御注文を受けてさばいた

鰻の心臓は、目に良いと昔から言われています。鰻の御注文をいただいた方に限ります〉。私も最近目が疲れる、どうしようかな。

額は〈かおり風景百選認定書　浜松のうなぎ　右は良好なかおり環境保全上特に意義があるものと認められるのでここに「かおり風景百選」の一つとして認定します　環境大臣川口順子〉。環境大臣も忙しいな、いやヒマだな。後に「百選」を調べると、登別《のぼりべつ》地獄谷の湯けむり（硫黄《いおう》）、伏見《ふしみ》の酒蔵（新酒）、法善寺《ほうぜんじ》の線香（線香）、江東《こうとう》区新木場《しんきば》の貯木場（製材の木）などが並ぶ。鵠沼《くげぬま》・金木犀《きんもくせい》の住宅街（金木犀）はよい香りだろうが、神田《かんだ》古書店街（古書）、鶴橋《つるはし》駅周辺のにぎわい（焼肉屋、キムチ）あたりはいかがなものか。ま、いっか。今日はこればかりだ。

開いた静岡新聞の一面左上コラム「ウナギＮＯＷ」は「第６章・不思議な魚７」まで来ており、長い連載のようだ。

「お待たせしました」

お、来た来た。ばさりと新聞を閉じて盆を引き寄せ、重箱の蓋を開けるとほわりと湯気が立ち上り、かおり環境もいい。蒸気で濡《ぬ》れた蓋の裏側に肝吸いの椀《わん》蓋を重ね置き、吸物でひとくち濡らし、さあいくぞ。おっと山椒《さんしょう》をかけないと。蒲焼《かばやき》の

くり。尻尾《しっぽ》は重箱におさまりきれず曲げている。箸で程よく切った蒲焼をご飯にのせてぱ

うまいのう……。

てらてらと艶が光るたれはしっかり味が濃く、身はふんわり蒸した典型的な関東風だ。最近東京も関西風直《じか》焼きが人気で当店もそれもできますとあるが、焼鳥じゃないんだから、やっぱり婀娜《あだ》な年増の情の濃い関東風がいい。

わしわしわし、米数粒を残して完食。

浜松に来た目的は果たした。もう帰ろうかな。

帰りは教えられた近くのバス停で待つことしばし。行きのタクシー一六五〇円、帰りのバス二一〇円、計一八六〇円。鰻代を超えることはありませんでした。

浜松鰻に言うことナシ

わいん用さしみ盛り

小著『居酒屋味酒覧』に〈酒と料理の鉄人ここにあり〉と書いた「貴田乃瀬《きたのせ》」は、ちょうど開店の暖簾《のれん》を出している。

「こんちは」

「あ、お久しぶりです」

紺の長暖簾は二代目と言うが、二十三年下がっていた初代を捨て難く、色褪《いろあ》せた名前の部分を切って縫い付けているのがいい。

カウンター席に座り、まずは生ビール。お通し〈煮鯖《にさば》と茄子《なす》ぬか漬けの筒切り〉は、こっくりした鯖とさっぱりした茄子の対照が初手に最高だ。

主人・市川貴志さんは鯖に力を入れ、宮城、房総、四国、対馬《つしま》、鹿児島などの漁協に、揚がれば必ず送るよう契約してある。身の外側だけ冷凍をかけて浸透圧で酢を調整し中は刺身のまま残した〈しめ鯖〉は絶品だ。入荷が多いと煮鯖でお通しにするが、真ん中の良いところを使い、端は捨てるのをオカズに持ち帰るからくれと言う人がいるとか。「酒と料理の相性」を追求する主人の新作を楽しみに来たが、初めはまあ刺身からいこう。

「太田さん、〈わいん用のさしみ盛り〉にしてみませんか」

主人いわく。ワインの客が増え、そちらの刺身はカルパッチョで供していたが、例えば四人で来てワインと日本酒に分かれても、どちらにも合う刺身盛りはできないかと考え、答えが出た。

「醬油《しょうゆ》を使わないことです」

なるほど、うーんなるほど。私もワインに醬油味は合わない、また日本酒にオリーブオイルのカルパッチョは油が余計と思っていた。また塩でおいしい刺身もある。しかし醬油も自家製を使うほどこだわる主人が、それなしでどうするか。

冷蔵庫から取り出したいくつもの魚別トロ箱のサク六種＝鰹《かつお》・甘鯛《あまだい》・鯵《あじ》・鯖・金目鯛・勘八《かんぱち》は、それぞれ塩や酢、オイルなど魚に合った下拵《したごしら》えがされ、すべて外側を弱く炙《あぶ》ってある。丸皿に酢橘《すだち》スライスを六つ円環に並べ、厚切りは二切れ、薄いのは三切れと盛り、間に色々な色の擂《す》りおろしのようなものを点々と置く。

「それは何ですか？」

「漬物のペーストです」

福神漬・らっきょう酢漬・タクアン・大根べったら漬・きゅうり古漬・煮茄子をそれぞれミキサーにかけ、水分を抜き、ドレッシングや太白胡麻油《たいはくごまあぶら》、オリーブオイルなどで各自に調味をほどこす。最後に仕上げのように真ん中に、黒緑の四角なものを置いた。

「それは何ですか？」

「浜名湖の生海苔《なまのり》です」

できあがりは、酢橘の緑が葉、白身・赤身・紅白の刺身が花弁、真ん中の海苔は雄しべ、橙《だいだい》・白・緑・黄などの漬物ペーストは雌しべの如《ごと》く、まさに大輪の花。

「こ、これに合う日本酒は？」

主人は独自の料理にどんな酒を合わすかを最も大切にする。これですと置いた一升瓶は掛川《かけがわ》の地酒「葵天下《あおいてんか》」の熟成大吟醸。兵庫県産山田錦《やまだにしき》一〇〇パーセント、

大輪の花、わいん用さしみ盛り

仕込水・赤石《あかいし》山系小笠山《おがさやま》伏流水、二十一年酒造年度を店で熟成させ、味香りをまろやかにさせたものという。ではまず酒をひとくち。

ツイー……。

静岡の酒は殿様的な豪華さを特徴とするがその通り、と言うよりは大将軍の威光の如く「葵天下」の名そのものだ。

そして刺身。六種を時計回りに刺身↓ペースト↓酒の順で味わってゆく。刺身は一味ごとに発見があり、漬物ペーストは生臭みを消す山葵《わさび》の役どころとみたが、口に入れると、お、らっきょう、お、きゅうり古漬と明快で、次々に歌い手が交替するメドレーをつなぐリズム打楽器の如く浮き浮きした気分を盛り上げる。これはいい、これはいいわ！

集中して一周すると「次はワインにしてみませんか」と「おかみさん、太田さんワイン」と告げた。日本酒利き酒師の奥様は去年、ワインのシニアソムリエに合格。「静岡では男女あわせてただ一人だったんですよ」と言う主人に「すぐそれ言いたがるのよ」と奥様が苦笑する。すすめられた赤は〈ピノノワール、お花の香りのような優しい味〉の説明そのもので〈わいん用さしみ盛り〉と花の共演だ。一切れずつ残しておいた刺身をさらに一周。

「合う、合う、あうあう……」

私はあえぎ声。重厚な葵天下もいいが、この軽快はさらに良し。

漬物ペーストは、信州で食べた高菜《たかな》漬を巻いた馬刺がヒントになりあらゆる漬物を試した。ワインにラッキョーは合わんよと誰もが言ったが納得された。

＊

それから食べた食べた。

官能的な〈牛タンのやわらか煮ゴルゴンゾーラソース〉は添えたぶどうパンでソースまでさらう。

超厚切り鰹に細葱《ほそねぎ》・赤玉葱・生姜《しょうが》・茗荷《みょうが》・人参《にんじん》・貝割れ・姫三つ葉・サラダセロリの芽などの野菜をうずたかく盛った〈鰹の野菜盛り〉は香り野菜のシンフォニー。パクチーは苦手な人もいてやめたというのが残念。

「ひとくちどうぞ」といただいた〈馬刺のたくわんソース〉に納得。

〈たち魚のかに巻揚げ〉は長い太刀魚を「縦に切って」かに身を巻いて揚げた豪華な一品。

主人の料理は「味に味を重ねることを避けない」豪胆細心なもので、つねに合わす酒が控える。太い腕、大きな掌《てのひら》、迫力ある太っ腹な風貌に「ますます北大路魯山人に似てきた」と言うと「わはははははは」とバクハツ的に笑い、すぐに謹厳な顔にもどる。

「ボクの料理は凝りすぎと言われるのが残念です」とうなだれ、日本酒一本槍《やり》だったのが、奥様の勉強の飲み残しワインを飲むうちはまり、常連に「ワインに魂を売った男と言われました」とうなだれるのがまたよく、ついこちらも「わははは」となる。

その主人をにこにこと支える小柄な奥さんが大好きだ。夫婦でわが道を行く「酒と料理の鉄人」のためだけに、また浜松に来よう。

浜松の高笑いと、かます塩焼

浜松肴町《さかなまち》のこのあたりは、わりあい広い通りに敷いた、ごつごつしたピンコロ石の石畳が、あがった夕立でしっとりと濡れて光る。居酒屋「娯座樓《ござろう》」は、戦前とおぼしき煉瓦《れんが》積みの古い二階建てビルの風情がいい。ここでじっくりと静岡の酒と魚を満喫しよう。スタンダードに浜松舞浜港《まいはまこう》水揚げの〈刺身盛り一六〇〇円〉からだな。

生ビールにお通し〈白身魚の南蛮漬〉で待つことしばし。届いた皿は生シラス・鰹・勘八・鯒《こち》・蛸《たこ》・黄色いのは湯葉《ゆば》。そこに青葱・三つ葉・玉葱・大葉などつま野菜満載。おろし生姜・はじかみの薬味も抜かりなく、さらに小皿は緑の本山葵の丸一本と万全の構えだ。

合わせる酒を静岡名酒無敵の「喜久酔《きくすい》」特別純米のお燗《かん》にして、まず目がきょろりと新鮮な〈生シラス〉を生姜醤油ちょいで一気。透明薄造りの〈こち〉は紅葉《もみじ》おろしにぽん酢。ぽん酢は柑橘《かんきつ》をしぼった甘い香りがいい。厚さ三センチの〈鰹刺身〉の銀皮に深浅交互に八筋も入れた包丁目をほめると「静岡の人は皮を残さないと怒るんですよ、しかも厚くないといけないんで包丁もよく入ります」と笑う。その「もちかつお」は新鮮そのもの。そして勘八、いよいよ山葵の出番だ。

おいらの山葵好きを知らないなと、添えた鮫皮《さめがわ》のおろし器で丹念に円を描いて一本すべてを擂りおろした。そんなに使わないと言うなかれ。良い刺身は醤油だけでいただき、その後山葵だけをつまんで生臭みを消すのがおいらの食べ方。而《しか》して勘八のきれいな色気よ、それをスッと消すツンツン山葵の切れ味よ。異色の湯葉はゴルゴンゾーラチーズのごとく濃厚にこれも山葵がよく合う。たまらんなこれは。

その名皿を作った若い板前に話してみよう。

「君は浜松?」

「いえ、大井川《おおいがわ》の先です」

東京もふくめて板前修業十年、まだ二十九歳。静岡はうまいものだらけ、浜名湖内側の舞阪《まいさか》は海水と真水の汽水で魚種豊富とか。

「天竜川《てんりゅうがわ》の鮎《あゆ》なんかうまいすよ」

置かれた分厚いガイドブック「浜松パワーフード」を開いた。

〈海、山、川、湖、温暖な気候、といった恵まれた環境にある浜松市。奇麗な空気と水によって生産される食材は、毎年その質が向上し評価が高まっています。また、歴史上唯一天下統一を果たした徳川家康《とくがわいえやす》公が浜松を居城にしていた時期（29歳〜45歳）は働き盛りの年齢で、その重要な17年の間、家康公は浜松で漁《と》れた魚を食べ、浜松で育てた野菜を食べ、浜松産に囲まれて英気を養っていたことでしょう。私達はこれを「浜松パワーフード」として……〉

家康の大業を支えたのは浜松の食であることを強調する。写真のもちかつお、浜名湖産将軍牡蠣《かき》、将軍あさり、浜名湖幻のどうまん蟹《がに》、浜名湖すっぽん徳丸《とくまる》、遠州牛、銘柄豚浜名湖そだち、磐田美味鶏《いわたびみどり》はぴかぴかだ。

＊

さあて。日付入り品書きをしばしにらみ、彼に「何食べてほしい？」と聞くと「そりゃかますですよ」と即答。夏の魚の代表、内心決めておいたものだ。「よし、この御前崎《おまえざき》のかます塩焼、それと本日の地元野菜のエシャレットと味噌《みそ》」と品書きを置くと「がってんだ」と言わんばかりに早速仕事にとりかかった。

古材の床、要所の石畳、白壁、木を大胆に使ったセンス良い店内の八十センチもある幅広カウンターはわれ一人だが、いくつもある座敷は今六時に満員で、静岡の人は一人では飲まない。「うわっはっはっはっは」座敷から爆発的な笑い声が聞こえる。私は居酒屋本を何冊も書いたが静岡の決まり文句は〈海山の幸に恵まれ、酒も良く、気候温暖で、品物を並べておけば東海道の東西から勝手に客が来る。何もしないでもやっていけるので何もせず毎晩宴会〉。

今夜もそうだ。あちこちの座敷から女子の嬌声《きようせい》もまじる超甲高い「ぎゃははは」の声凄《すさ》まじく、チンチンと茶碗《ちやわん》を叩《たた》いて囃《はや》す音も。料理運びに開けた戸から一瞬聞こえる大声。「誰も気づかねんだよ」「わははは」「そんで言ったのさ」「言った！」「わははは、そんで？」「大失敗！」「ぶはははは」こちらもつい「もらい笑い」だが……マッタク。

空徳利を下げに来たバイトらしい女性の淡い色の忍者風着物が素敵だ。遠州木綿の紬《つむぎ》だそうで恐る恐る聞いた。

ふっくらとみごとな、かます塩焼

「触っていい？」「はい」

サラリとした肌触りが気持ちよい。

「あなたは静岡文芸大？」「そうです」

静岡文化芸術大学は浜松にあり、去年デザインの特別講義に呼ばれて久しぶりにやるかと出かけたことがあった。愛知出身という一途《いちず》な純情を感じる彼女は国際文化学科四年生とか。

「お待ち」

おっと〈かます塩焼〉が届いた。大皿に斜め置きしたかますは丸々太った肌にスパッと包丁が入り、適度に焦げ目がついた見事な焼き上がり、ふわりと立ち上る焼魚の香り。よし、酒を変えよう。静岡銘酒の品書きをにらむことしばし。くだんの彼女に空徳利を上げて「つぎ、國香《こっこう》ね」とねだるのでした。

神戸

神戸、朝のアイスコーヒー

神戸《こうべ》の夜遊びの翌朝、散歩に出た。朝の空気がいい。

安政《あんせい》五（一八五八）年、江戸幕府がアメリカとかわした日米修好通商条約を契機に次々と結ばれた安政五カ国条約により、十年後の慶応《けいおう》三年の開港とともにアメリカ、オランダ、ロシア、イギリス、フランスに海岸の旧神戸村一帯を専用に貸与する外国人居留地が設けられた。

東は生田川《いくたがわ》、西は鯉川《こいかわ》、北は西国街道、南は海に囲まれた四角の地は、治外法権自治区として、自然海岸は護岸し、西洋建築を計画的に配置。歩道車道は分離して並木を通し、日本にはなかった街並みは「東洋における最もよく設計された居留地」となった。

外国人は積極的に外に出てスポーツや競馬場、音楽や社交クラブで市民と交流。ゴルフ場をつくり、六甲山《ろっこうさん》のハイキングも西洋人が始めた。ライフスタイルをふくむ西洋文化移入により、神戸は「ベンチャー精神に富んだ外国人に対し受容的な都市として発展」、「多民族、多文化共生都市」と性格づけられた。

明治三十二（一八九九）年に居留地は返還されて神戸市に編入され、日本人の立ち入り、居住は自由となったが整備された街区はそのまま残り、今も神戸の最も都会らしい街並みとなっている。

＊

投宿したホテルはまさにその真ん真ん中だ。しかしフロントは目立たぬ階段を上がった二階で外からはわからない。いったいに神戸のホテルは、東京あたりの大ホテルの大げさな車寄せ玄関や大ロビーなどはなく、街中にひっそりと目立たないのが大人というか、旅慣れた人を相手にしているようで、大宴会場、地下名店街などという野暮なものはない。ホテルは安眠するところ、その他は街を楽しんで、というようだ。

ホテルの浪花町《なにわまち》筋は梢《こずえ》高く緑の葉を茂らせた欅《けやき》並木が続き、真夏の朝陽《あさひ》をさえぎる。午前九時にあたりを歩く人は少なく、人のいない都会の朝がいい。

北町《きたまち》通りを西に曲がった角の「神戸朝日ホール」は、背より高い基壇から遥《はる》か二階ぶんの天井まで、ギリシャ風列柱が半円二列に囲む通行自由吹き抜けの大エントランスだ。出勤の男女がやや早足でつかつかと横切ってゆく。

続く「大丸《だいまる》神戸店」の京町《きょうまち》筋側は古典的な角柱が続く外回廊だ。グレーの石の床に配置した紅茶色の斜め格子敷石が長い回廊を単調にせず、およそ一〇メートルと高い白い天井は教会天井と同じ弓形十文字の蒼穹《そうきゅう》アーチ、壁側半円部は貝殻のようなレリーフがほどこされる。

その下のショーウインドーは子供服。俗に「大阪の食い倒れ」「京都の着倒れ」「神戸の履き倒れ」と言うが、いつか神戸大丸に入ると一階は広大な婦人靴売り場で、椅子に座るマダムが何十足も足元に並べて品定めするのを見て本当だと思った。

最近気づいたもう一つは「神戸の子供服倒れ」だ。

高級子供服の老舗《しにせ》「ファミリア」は神戸が本店でこのほど店史六十五年を書いた本が出版されたと新聞に出ていた。他にも子供服専門店はたいへん多く、洗練されたウインドーディスプレイは目を楽しませ、ということはそれを楽しむ人が大勢いて、内容は「都会的センス」のひとこと。

昨日通りで見た小学四年生くらいの女の子はグレーのスカートに紺無地Tシャツと地味だが、子供はひらひらや過剰な色遣い、キャラクターものなど子供っぽい服を着せるほど田舎《いなか》風になる。逆に大人と同じ地味な服でこそ愛らしさが引き立ち、子供に学校制服が似合うのはそれだ。その女の子の見せ場は長いポニーテールを束ねた背の小さな赤いリボンと〝お母さんとおそろいの〟カンカン帽だ。神戸のお母さんは子供のおしゃれを楽しむ。

外回廊は海岸に向かう明石町《あかしまち》筋側にも延び、回廊に丸机が並ぶオープンカフェ「カフェラ」では、白ブラウスに黒のギャルソンエプロンで朝の支度を始めている。ここの、二〇〇七年バリスタコンテスト日本初の女性チャンピオン・世界バリスタコンテスト四位という宮前みゆきさんのハートのカプチーノはすばらしかった。あたりの雰囲気はベニス・サンマルコ広場の如《ごと》く、神戸マダムの御用達《ごようたし》だ。

大丸正面が半円形に君臨する元町通《もとまちどおり》一丁目の大三差路を渡り、喫茶「エビアンコーヒー」でアイスコーヒーにしよう。座るのはいつも、通りに面したガラスウインドーを背にするカウンターの端だ。

私は東京に住んでいるけれどこういう朝の習慣はない。サンダルばきでぶらりと来ていつものコーヒーをたのみ新聞を読むのは、京都での「イノダコーヒ三条店」と同じだ。旅先に本来の自分を、いやこうありたかった自分を実現させているのだろう。

旅もいろいろだが、田舎や温泉よりも都会がよくなった。東京は茫漠《ぼうばく》と広い田舎だ。しゃれた都会生活を求めて旅に出る。鞄《かばん》には着替えだけ。「そして、神戸」という歌があったがその通りだ。

神戸は喫茶店が多く、近所らしき中高年やおばさん二人、一服のサラリーマン、若いカップルなどが息抜きに来ている。オレンジ色ポロシャツの中高年はいつもの席のようで、目の前でコーヒーを淹《い》れる男性に座りながら話しかけ、女店員の耳元に何かささやき「いやだ〜」と笑わせている。

夏の朝の冷たいコーヒーがおいしい。ホテルから歩いたいつもの喫茶店で朝のコーヒーを飲む。これが私の旅。

「エビアンコーヒー」のアイスコーヒー

苦難の中華麺

朝のコーヒーを終え、神戸大丸筋向かいの三宮《さんのみや》神社に行った。敷地の角に「史《し》蹟《せき》　神戸事件發生地《はっせいち》」の石碑が建つ。

慶応四（一八六八）年一月十一日、備前《びぜん》藩隊列がここ西国街道、三宮神社付近を行進中、フランス人水兵二人が隊を横切り、砲兵隊長・滝善三郎《たきぜんざぶろう》が、これは武家諸法度の「供割《ともわり》」という非常に無礼な行為であると槍《やり》で制止し軽傷を負わせた。いったん退いた水兵は数人と拳銃を持ち出して報復銃撃戦に発展。さらに居留地予定地を検分中の欧米諸国公使に藩兵が一斉砲撃するにおよび、居合わせた英国公使ハリー・パークスは英米仏の艦船に緊急事態を通告。三国の兵と藩兵は生田川の河原《かわら》で撃ち合いとなったが、備前藩家老・日置帯刀《ひきたてわき》の中止撤退命令で互いに負傷者なく鎮静した。

その調停にまだ幕藩体制下の伊藤俊輔《いとうしゅんすけ》（のちの博文《ひろぶみ》）があたったが決裂。四日後の一月十五日、朝廷は明治新政府への政権移譲を表明。東久世通禧《ひがしくぜみちとみ》を新代表として交渉を再開。諸外国の要求は日本在留外国人の安全保証と日本側責任者滝善三郎の処刑であった。日本側としては水兵は軽傷であり、滝の行為は武士として当然で要求は重すぎるとしたが、列強の前に抗《あらが》えず要求を受け入れた。解説板にある、兵庫・永福寺《えいふくじ》の椅子に座る六カ国立会人面前の「滝善三郎切腹の図」がリアルだ。

小さな神社は石畳や緑の植込みの打ち水が清々《すがすが》しい。社殿前は絵入りの大きな干《え》支《と》図が埋め込まれ〈お詣《まい》りしてからご自分の干支の位置に立って写真を撮り御神符おまもり等をお受けになると御利益が……〉云々《うんぬん》とある。引いたおみくじは〈雪にたえ風をしのぎてうめの花世にめでらる丶その香りかな　中吉〉。雪にたえ風をしのぎて神戸の維新は成ったか。

みくじ運勢の、願望・商売・学問・相場などはもはや私にはすべて関係ないが、念のため見た恋愛は〈楽しむ程度なら吉〉。そうか、楽しむ程度ならよいか。

写真を撮ってくれる人はいないので、干支の戌《いぬ》の位置で手を合わせ、折り畳んで財布にしまった。

＊

そろそろ昼飯だが考えてある。

神戸の楽しみは中華麺だ。すでにいくつも名品を知っているがさらに開拓。私はこういうこと（食べ歩きです）は周到に計画をたてるタイプだ。

坂道を歩いて向かったのは鯉川《こいかわ》筋の「曹家《そうけ》担担面《タンタンメン》館《かん》四川《しせん》辣麺《ラーメン》」の〈汁なし本場四川担担麺〉だ。用意の雑誌切り抜きには〈口内は火事のようだが、タレの複雑味が後を引き、次のひと口を求めてしまう。四川省出身の料理長が作る容赦のない〝麻《マー》辣《ラー》〟はまさに魔性〉とある。ここだ、のはずだが店名が違い外のメニュー写真も雑誌と違う。店が替わったらしい。

あちゃー。でも次がある。神戸の有名店「アムアムホウ」の〈本場屋台風担担麺汁あり〉だ。切り抜きに〈花椒《ホアジャオ》と呼ばれる四川山椒《さんしょう》の中でも、完熟前の青い実・麻椒《マージャオ》の挽《ひ》きたては、香りも痺《しび》れも段違い〉とある。ＪＲ神戸駅から四つめの六甲《ろっこう》道《みち》駅と遠いので敬遠していた。チャンスかもな。再び坂を下り、神戸駅に来たが待てよ、今のケースもある。電話確認だ。

「別館牡丹園」の名品・鶏絲湯麵

「すみません今日やってますか」

「はい」

「では今からうかがいます」

「あ、今日の昼は予約でいっぱいなんですよ」

「え！　一人ですが」

「二時ころでしたら空《す》くかも」

あちゃー。二時間も待てない。さてどうする。いやまだ手はある。久しぶりに栄町通《さかえまちどおり》「海岸楽園《かいがんらくえん》」の〈牛バラ汁そば〉にするか。あれは濃厚な名品だった。ここから海際の通りまではかなり歩く。猛暑に熱中症になりそうだがもはや意地もある。おかしいな、このへんのはずだがな。うろうろ探すこと二十分。どうやらなくなったようだ。

………敗北感でいっぱいだ。おみくじに〈失物《うせもの》　出《い》でがたし〉とあった。仕方ない、神戸元町のなじみの名店「別館牡丹園《べっかんぼたんえん》」にしよう。今その前を通り「今日はここではなく」と決意を新たにしたのだったが。

猛暑の信号待ちに若いお母さんに手をひかれた幼い女の子が、どういう事情か

「お父ちゃん……お父ちゃん……」と涙をしゃくりあげ、なんだか可哀想《かわいそう》だ。お母さんは言葉を返せず「帽子かぶりなさい」と手を添える。こちらも泣きたい気分だ。

昼の別館牡丹園は満員で順番待ちだがもう覚悟は定まった。壁の「招財進寶」を一つにまとめた複雑な一文字を眺めつつ待つ。〈神戸元町老酒家　得名豊艶牡丹花〉と始まる、神戸に在住した作家・陳舜臣《ちんしゅんしん》の書が載るメニューはおなじみだ。肉の糸切りあんかけ汁そば〈鶏絲湯麺《チースータンメン》一〇〇〇円〉が届いた。

ここに至る道は遠かったとしみじみ箸を手にするのでした。

縁結びのムール貝

私は旅先で神社に詣でることが多い。土地の護《まも》りにしばらくお邪魔しますと挨拶するとおちつく。しかし神戸では毎夜酒ばかりで、総鎮守「生田神社」にはまだ手を合わせておらず、これではいけないと出かけた。

一礼して鳥居をくぐると左右に小神社がある。右は、おお、松尾《まつお》様「酒神　松尾神社」だ。京都を総本社とする松尾神社は酒造関係者で知らぬ者はない酒造りの神様。私も毎夜お世話になる身。賽銭《さいせん》に十円（重縁）玉を五つ、五重の縁を願って納め（少ないかな）深々と二礼二拍一礼。遅きに失したが気が済んだ。

由緒〈灘《なだ》五郷酒造発祥地〉に、神功《じんぐう》皇后の外征以来、毎年三韓《さんかん》より来訪する使節に、朝廷は生田神社境内で醸す神酒でもてなし、これが灘酒の始めとある。神社を囲む玉垣は〈祈酒造繁栄〉として月桂冠、菊正宗、大関、白鹿、金盃、白鶴、白鷹、沢之鶴《さわのつる》などあらゆる地元酒造蔵の名が刻まれる。

並ぶ左方は海の護りの「大海神社《だいかいじんじゃ》」。玉垣は〈祈海上安全〉として日本郵船、川崎汽船、関西汽船、ジャパンライン、神戸通船、三井造船、東京海上火災、神戸港振興協会などが刻まれる。海軍兵学校を出た私の叔父《おじ》は、太平洋戦争の駆逐艦六十隻中、戦果を上げながら唯一、ほとんど無傷で終戦を迎え「奇跡の駆逐艦」と言われた「雪風《ゆきかぜ》」に乗船。戦後も大型船の船長として世界を航海、無事故で陸に上がった。その感謝をこめこちらにも手を合わせた。

正面生田神社は楼門も唐破風《からはふ》の拝殿も鮮やかな朱塗りが美しい。

ぱん、ぱん。

手を合わせ、ようやく神戸に場所を得た気持ちになった。由緒には生業守護、健康長寿のほか年々多くの神前結婚式をかぞえ「縁結びの神」として……とある。

「謡曲『箙《えびら》』と梶原景季《かじわらかげすえ》」と題した説明板は、『源平盛衰記』源平一《いち》の谷《たに》合戦のこの生田の森の戦いの様子をこう書く。

〈中にも景季は心の剛も人に勝り、数寄たる道も優なりけり。咲き乱れたる梅《うめ》が枝《え》を箙（矢をさし入れて背中に負う武具）に副《そ》へてぞ挿したりける。かかれば花は散りけれども匂いは袖にぞ残るらん。〃吹く風を何いといけむ梅の花散り来る時ぞ香はまさりけり〃〉

手水舎《てみずや》脇の「梶原の井」は、景季がこの水を神社に納め武運長久を祈念したおり、箙に挿した梅の花影が映り、こう詠んだ。

〈けふもまた生田の神の恵《めぐみ》かやふたたび匂ふ森の梅が香〉

「子日《ねのひ》庵《あん》一草《いっそう》の句碑」はこの神聖な神社で二度と梅を折るまい（戦《いくさ》を起こすまい）という誓いだ。

〈神垣や又とをらせぬ梅の花〉

噴水の上がる「生田の池」は七福神唯一の女神、水と音楽芸能の守護・弁財天をまつる。

〈噴水のしぶき天衣の舞ふごとく　紫峡《しきょう》〉

神社は阪神淡路大震災で半壊。池を見る「生田神社震災復興記念碑」は、

〈うるはしき唐破風もちし拝殿は地上に這《は》ひて獣のごとし　朱に光る唐破風今ぞ聳《そび》えたち羽を拡《ひろ》げし真名鶴のごと　白鳳《はくほう》〉

神戸総鎮守は歌で語られていた。

　本殿背後の生田の森は神戸市に残された貴重な原生林として保護され「縁結び水みくじ」は湧く泉に浸すと文字が現れる仕掛けだ。今しも若い娘がしゃがんで祈る姿がよい。その娘は去り、私もやってみた。現れた答えは〈小吉　色＝街で赤い車を見ると吉／願い事＝わがままを抑えれば吉／縁談＝人に頼めば早くとのいます／場所＝時にはステーキハウスで栄養補給／総合恋愛運＝2分咲き〉でした。

＊

　縁結びにステーキハウスもいいが、鯉川筋の貝専門居酒屋「ボンゴレ」で貝で一杯といこう。

　私は貝が大好き。カウンターのガラスケースは様々な貝でいっぱいだ。〈貝造り盛り〉の釧路《くしろ》仙鳳趾《せんぽうし》の夏牡蠣《がき》はフランス塩で。平貝《たいらがい》、アワビ、帆立《ほたて》、西貝《にしがい》は鹿児島の甘い醤油《しょうゆ》をベースにたまり醤油・うす口・キッコーマン・煮切り酒を合わせた醤油が貝を引き立てる。

〈すだれ貝の酒蒸し〉に「これです」と指差すおおぶり二枚貝の殻は無数の横線がすだれ模様だ。それを七個。ぱっくりと開いた身は、セクシーな橙《だいだい》色突起二本に、鮮烈な赤白の身が美脚の如くからみあい、花魁《おいらん》の蒲団《ふとん》の中の如し。野性味のある貝のボリューム感は美味で「貝の塩味だけ、香りづけに醤油一滴」のおつゆが楽しみだ。関東では見ないものだが別名・薩摩《さつま》赤貝と言うそうだ。

和笠《わがさ》の白熱電灯、昔風の門灯など、今流行の古い和照明器具を多用した店内設計は巧み。貝専門だけに大小の貝殻はいくらでもたまり、名刺入れや小皿に使う「貝殻愛」が店中いっぱいだ。店の女性が「これなんか捨てがたくて」と見せる黒いムール貝の内側のつるりと秘めやかな指ざわりは縁結びになるかもしれない。

「一ついいですか？」

「どうぞどうぞ」

気に入ったのをいただく私でした。

貝専門「ボンゴレ」の貝造り盛り

民生支店のカレー

連日の猛暑は神戸も半端ではなく、冷房のホテルで昼寝していたいが、昼食は外へ出なければならない。

カレーだ。こんな時こそ辛いのをヒーヒー、冷たい水をごくごくに限る。世界各国料理の集まる神戸はインド料理もポピュラーだが、私の好きなのは中華カレー。昼に客の半分以上がカレーを注文するという元町はずれの「民生支店《みんせいしてん》 香美園《こうみえん》」は、真っ黄色の日除《ひよ》けテントが目印。メニューはライスカレーでもカレーライスでもナントカカレーでもなく、ただ〈カレー〉の三文字。

「カレー」

「はい、こちらカレー」

お運びおばさんが四人。平凡な町の中華食堂で、客もサンダルのおじさんや買い物のお婆《ばあ》さん、早昼のＯＬ二人など。届いたのは、白ご飯とカレーソースが別容器でもなく、一皿の左右に分け盛りでもなく、ご飯全面にカレーを無造作にかけまわした「カレーはこれでいい」型で福神漬など薬味もなく、付くのは水だけ。表のテントのような真っ黄色に玉葱《たまねぎ》とじゃがいもがごろごろする、まさにキャンプカレーかお母さんカレーだ。

スプーンでひと口「おお」、二口「おお、おお」、三口「これだ、これでいい、これがカレーだ！」。

大阪にカレーうどんという、うまいものがあるが、あれは昆布《こんぶ》カツオ出汁《だし》。これは適度なヒリヒリに中華出汁の旨《うま》みが感じられ、粗切り玉葱の甘みが効果的だ。ほどよく汁っぽいカレーとご飯のバランスよく、注文してしばらく時間がかかるのは出来上がっているソースをかけるのではなく、その都度作っているようだ。

アー……。並六五〇円でなく大八八〇円にすべきだった。見回すとカレーの人はほんとに多く、新聞を見ながらの昼食がいかにも慣れている。神戸に来たら必ず食べるものがまた一つ増えた。

海岸通《どおり》の「神戸華僑《かきよう》歴史博物館」を一度訪ねたいと思っていた。

＊

明治四（一八七一）年、日清修好条規が締結されると神戸の華僑社会も次第に形を整え、華僑墓地「中華義荘《ぎそう》」、精神的支柱「関帝廟《かんていびよう》」、学校「神戸華僑同文《どうぶん》学校」などが整備されていった。

神戸華僑「三把刀《さんばとう》（三種の刃物）」の剪刀（はさみ）は西洋人相手の洋服仕立て。菜刀（包丁）は中華料理。剃刀（かみそり）は弁髪《べんぱつ》の剃頭《ていとう》で中国人相手だが、耳掃除や按摩《あんま》、顔剃《そ》りなどが評判で日本人客も来た。また、日本の安全燐寸《マッチ》の東南アジア販路を作り、箱の図案に龍、猿、鹿、魚、桃など中国の「吉祥《きちじよう》」を用いた。私はグラフィックデザイナーの興味からマッチ箱を収集した時気づいた共通図案の理由がわかった。

日本に中華料理が根づいたのは、戦前多くの人が中国に渡り、食文化に接して帰ってきた日中戦争以降で〈山東《さんとう》省の家庭料理だった餃子《ギヨーザ》は、戦時中国東北部（旧満《まん》洲《しゆう》）にいた日本人引き揚げ者が帰国後「ギョーザ店」を開き、短期間に広く普及した〉とあるのはまさにその通り。私の両親も戦前の朝鮮におり、かの地で母がお

「香美園」のカレー、カレーはこれでいい

ぼえた水餃子はわが家伝統の御馳走《ごちそう》で、来客にも評判だった。

今や観光客に大人気の南京町《なんきんまち》は、かつて朝鮮戦争中に荒れた兵士相手の「外人バー」で風紀が乱れ怖い町となっていたのを、地元の商店と華僑が日本人を呼び戻す町として、横浜中華街を見習い、それぞれ所有土地の二五%を道路拡幅に提供、広場を作るなど一致協力。そのお披露目に挙行した旧正月「春節祭《しゅんせつさい》」は大成功。また阪神淡路大震災ではいちはやく餃子や食事の無料屋台を続けた。

南京町で一日一万三千個の豚まんを売る「老祥記《ろうしょうき》」は創業大正四（一九一五）年と最も古い。老舗「民生廣東料理店《かんとんりょうりてん》」の黄色い看板は昼にカレーを食べた香美園と同じで「民生支店」とあったのはこれだったたか。

「南京町公式ガイドブック　熱烈歓迎南京町」の巻頭座談会は「老祥記」の三代目に、「民生」の女性は華僑の婦人会「楊貴妃《ようきひ》会」の会長というのがいい。

〈「第一回春節祭は二ヶ月前になっても龍が届かず、ほうきやモップをひもでつないで練習したね」

「大震災で水餃子をどれだけ作ったかしら。大阪の中国領事館から一万個の寄付もあった」

「神戸中が自粛ムードのとき華僑はやることが違うねと言われもしたが、町に希望が見えなければ若い人が離れると必死だった」
「横浜や長崎の中華街からも義援金を戴《いただ》いたが『礼はいらない、関東大震災のときに大変お世話になったのでお互い様です』と」
「どんなネガティブなことがあってもポジティブにとらえて盛り上がるパワーが南京町のすごさ」〉
　私は思った。民間では中国と日本は昔から一体だ。できないのは政治家だけではないかと。

ジャズボーカルとハイボール

ＮＨＫテレビで放送された「新日本風土記」神戸編のエピソードにひきつけられた。

百年前、日本人バンドが初めてジャズを演奏した日本ジャズ発祥の町神戸には、ジャズクラブやバーが四十軒ほどもある。創立五十七年になる「ヘンリー」は老舗格。そこで毎夜マイクを握るシンガー兼ママさんの石井順子さんは一九三八年九月二日生まれの当年七十七歳。

ジャズ好きの一家に育ち、十七歳のとき父が交通事故で働けなくなって、一家を支えるためジャズクラブで歌うようになった。しかし憶《おぼ》えるのも大変な毎日十曲を、ときには夜も昼も歌い、次第にお金のために歌うのがいやになる。二十四歳で体調をくずして引退、ＯＬとなった。

四十歳も過ぎた三十年前、たまたま入った昔の演奏仲間のコンサートでステージに呼び出されて歌い、初めてジャズ本来の楽しさを知る。左手でコード端をつまみ右手のマイクに首を傾ける写真は、歌ってこんなに楽しかったんだという幸福感をみごとに伝える。

そして二十五年前、ジャズクラブの老舗「ヘンリー」で再び歌い始めた。「五十歳になって、お金のためではなく、音楽仲間と一緒に歌う楽しさを知りました」という言葉、その笑顔に、私はどうしてもこの方に会いたくなった。

＊

暗くなって訪れた三宮地下の「ヘンリー」はカウンター奥がそのまま演奏ステージの気さくな感じで、今しもソプラノサックス、トロンボーン、ピアノ、ドラムの四人が演奏中だ。カウンターで注文のハイボールをひと口ふくむと、順子さんが新しいお客さんが来たというように立ち上がり、マイクを握った。

小声で曲名を告げて始まったイントロのリズムに白いドレスを軽く揺すり歌い始めたのはスタンダードナンバー「オール・オブ・ミー（私の凡《すべ》てを）」。

♪All of me
　Why not take all of me
　Can't you see
　I'm no good without you

巧みな歌詞運び、高音の軽いビブラート、何年も歌い慣れた軽快なスイング感、フェイクを利かせた後半の粋な盛り上げは、その若々しい美貌とあいまって全く現役だ。続く二曲目「アイム・イン・ザ・ムード・フォー・ラブ（恋の気分で）」は一転、雰囲気のあるバラードで声艶が一層映える。支えるバックは適当に自分の見せ場も入れて楽しんでいるのがいい。

パチパチパチパチ……。

「すばらしかったです」少年のように紅潮した私の言葉に「いえいえどうも」と隣に戻られた。

隅にそっと置いた白黒写真は昭和三十三年、大阪の「ウエスタンカーニバル」に来た、当時人気絶頂の歌手ミッキー・カーチスが肩に手を回したツーショット。白いドレスの順子さんは芳紀二十歳のまぶしい美しさ。「ミッキーさんに口説《くど》かれませんでしたか？」「いえまだ私は子供。その時ミッキーさんは、あこがれていた歳《とし》上《うえ》の雪村《ゆきむら》いづみさんがアメリカに行っちゃって落ち込んでいたと後で聞きました」

もう一枚はその五十年後、真っ白あごひげのミッキー氏と着物の順子さんが昔の写真を手に同じポーズで撮ったものだ。

震災で店が危うくなった時も音楽仲間やファンが助けてくれたと感謝を言う。神戸生粋の歌姫を大切に愛する人は大勢いるようで、入口脇の書額〈一刻の静けさ憩うヘンリーには順子姉御の声響くなり〉は兵庫県知事だ。奥の常連らしき年配紳士はカウンターに指でトントンとリズムをとり楽しんでいる。

ソプラノサックスは弟さんで七十歳とききき若々しさに驚く。姪御《めいご》さんはアメリカの「カンザスシティフィルハーモニックオーケストラ」でバイオリンを弾いているそうだ。神戸は音楽の町だなあ。

次のバラード「ストーミー・ウエザー（荒れ模様）」の、ややクラシックな発声に鉄火肌も入った艶は往年のリー・ワイリーを思わせ、ここぞと繰り広げるピアノ間奏がまた聴かせる。

フィナーレは「リンゴの木の下で」。

♫リンゴの木の下で
明日また会いましょう
黄昏《たそがれ》赤い夕陽《ゆうひ》
西に沈む頃に……

順子さんの歌に続く弟さんのミュートトロンボーンの朗々たる演奏、皆が心をひとつにする演奏の幸福感が満ちる。

御歳七十七で毎夜マイクを握るのは、世界最高齢現役女性ジャズシンガーかもしれない。八十歳で迎える店の六十周年をめざして歌うという瞳は輝いていた。

夜の街に流れる車のテールランプがきれいだ。生演奏の余韻が体をつつむ。十月の「神戸ジャズストリート」は今年第三十四回め。「ヘンリー」の近くから北野坂《きたのざか》をジャズパレードが進むそうだ。街に音楽がしみ込んでいる。神戸を好きな理由が次第にわかってくる。

「ヘンリー」のハイボール、奥が石井順子さん

美女と夏吟醸と神戸餃子

先日入った貝料理居酒屋「ボンゴレ」一階の立ち呑《の》み「酒商熊澤《さかしょうくまざわ》」が良さそうだったので出かけた。

ゆるい上り坂の鯉川筋に面した店は、民家風の板張りに小庇《こびさし》を設け、白壁の小窓に日本酒、ビール、ワインの瓶が等間隔に数本。後ろの天秤《てんびん》のような古硝子《ガラス》のランプがいい。玄関の和風ガラス戸の左隅にさりげなく白木一斗樽《いっとだる》を置いて〈笑門〉の札を立て掛け、上の朝顔鉢に〈立ち呑み←〉の紙。昔の門灯、丸電灯、吊行灯《つりあんどん》など古い和照明器具を巧みにあしらい、このデザイナーうまいなあ。

←のとおり左に進むと右奥が立ち呑みカウンターだ。正面の大きなガラス保冷庫も家具感覚で木の戸棚に入る。要所の透かし彫り欄間や雪見障子は、民家というよりは、より高度なモダンインテリア感覚だ。さりげない黒ポロシャツに髪を後ろに束ねた美人お姉さんがにっこりと迎えてくれる。

まずビールだな。カウンターのコックから丁寧に泡切りした大阪箕面《みのお》ビールの一杯が美しい。

くくー……。うまい、やはりビールは注ぎ方だな。

「いい店ですね」

「ありがとうございます。うちは日本の酒、日本のビール、日本のワイン。日本の醸造酒の店です」

きっぱり言い切る清々しさ。蛸《たこ》のチャンジャ、夏野菜のピクル酢、鶏胆《とりきも》と白ねぎの生姜《しょうが》でたいたん、熊澤のポテトサラダ、酒盗《しゅとう》クリームチーズ……気取りのない料理名を半紙にすらすら手書きしただけの品書きがいい。〈オレンジで熟成した生ハム「グランカレ」三九〇円〉は香りが素敵だ。

ここに入った最大の理由は先日ちらりと見た壁上の、清酒「奥丹波《おくたんば》」の白黒写真ポスターだ。それは黒澤明《くろさわあきら》の名作『七人の侍』の最も有名なスチール写真そのままの構図とポーズで、「七人の蔵人」よろしく揃《そろ》いの蔵半纏《はんてん》で立つ。手前に悠然と立つのは三船敏郎《みふねとしろう》、横にしゃがむのは木村功《きむらいさお》、後ろは志村喬《しむらたかし》、一人離れて宮口精二《みやぐちせいじ》。なんと良いことを考えたのだろう。

「あのポスターすばらしいですね」

「ええ、大好きなんです」

そう言ってくれるのがうれしい。

客は美人女性が多く、こういう素敵な店をつくると素敵な女性客が来るんだ。となればもちろん若い男も。ここは神戸のセンス良い若い人が集まる店かもしれない。おいらだけが超年配だけど。

カウンター一番奥に立つ美人一人客は静かにグラスの日本酒を飲んでいる。隣に立った一人オヤジを警戒しているだろうから無闇に話しかけてはいけない。といってずーっと黙っているのも重苦しい。ヨシ（何が？）。

「すみません、夏吟醸を何か」

これはいかがでしょうと置いた濡《ぬ》れた一升瓶は〈二〇一五年　土佐《とさ》の夏吟醸　豊能梅《とよのうめ》〉。ワイングラスのステム（軸）を取ったような丸いグラスに半分ほど注ぐ。

ツイー……。

「金山園」の餃子が大好きです

うまい。勿体《もったい》ぶって顎を振るのを見ていた客の彼女はくすりと笑った。今だな。

「そちらのお酒は何ですか？」

「えーと……」

これですと店のお姉さんが置いたのは〈夏の原酒・一火　純米吟醸原酒　琥泉《こせん》　兵庫県産米100%使用〉。

「一火って、何？」

「一回火入れです」

「あ、なるほど、次それにしよう」

一同にっこりして場がくつろぐ。客の彼女が私を見た。

「お仕事のお帰りですか？」

「いえ、出張で来まして」

のん気な旅行とは言えず見栄を張る。彼女が言うには、女性店主の人が好きで安心なのだそうだ。なるほどな。もうしばらく居たかったが、後味よくしなければと「お先に」と言って店を出た（まだ見栄張ってます）。

＊

さてどこに行くかな。足にまかせると自然に東門街《ひがしもんがい》上の台湾料理「金山園《きんざんえん》」へ。まいど神戸はこのあたりで飲み終わることが多く、最後は必ずここ。夜が更けるにつれて混んできて、入れずに帰るグループもいる。飲んだ〆《しめ》に軽い口当たりの汁ビーフン、焼ビーフンが目当てだが、殆《ほとん》どの人たちはここでまたビールをとって飲み直しだ。おいらも同じ。

そのあてが餃子だ。神戸に餃子名店は数知れず、各店に明確な個性があり、町おこしグルメの宇都宮《うつのみや》や浜松とは実力がちがう。ここの水餃子はうっすら緑が透けたもっちり感とニラの香りがすばらしく二皿ぺろりだ。きっと他の品もおいしいんだろうけどまだ浮気できないでいる。

赤いカウンターと机の大衆食堂然とした店は、注文をとる以外まったく客に興味はなく、厨房《ちゅうぼう》のガチャガチャ音が絶えない理想的な居心地だ。この店の夜の繁盛が、神戸の中華・台湾料理の定着と質の高さの現れに見える。

さあてビーフンは汁か、焼きか。いや、あの人のラーメンもうまそうだ。

盛岡

盛岡、サンマの塩たたき

秋の盛岡八幡宮《もりおかはちまんぐう》に詣でようと歩く参道角の飲食ビル「酒道場　狸屋敷《たぬきやしき》」は、酒徳利と御通帳を持った巨大な狸が外壁の三階まで半立体で張り付いて迫力だ。解説板に〈この大狸は盛岡八幡宮でお清めの祈禱《きとう》を受けた招福狸です。触れると運勢が開けるといわれております〉として〈徳利（飲食）・通帳（世渡り）・金玉（お金）・尻尾《しっぽ》（終り良ければ万事よし）〉と御利益が列記される。どんぐり目が愛嬌《あいきょう》の巨狸だが、惜しいかなパイプ足場を立てて取り壊しのようだ。最後の功徳をいただくべく背を伸ばして金玉をなでた。

高さ約八メートルの八幡宮大鳥居をくぐった左右は長大な馬場だ。盛岡は「南部《なんぶ》駒《こま》」の名産地で、八幡通りに〈右馬検場《ばけんじょう》　左盛岡八幡宮〉の道標があった。馬検場は馬の競りを行う所だ。多くは軍馬に供出され、明治九（一八七六）年、明治天皇東北御巡幸のおりの県産馬御台覧もその故だろう。左右目測一キロメートルはありそうな馬場は毎年九月「南部流流鏑馬《やぶさめ》」が行われる。

大鳥居をくぐった盛岡八幡宮の広い境内左右に、見上げる高さの立派な青銅灯籠《とうろう》一対が立つ。

文化《ぶんか》九（一八一二）年製。上から宝珠《ほうじゅ》・笠《かさ》・火袋・中台・竿《さお》・基礎・基壇で成り、円形の笠は蕨手《わらびて》の反り稜線《りょうせん》、火袋は鳳凰《ほうおう》・桐花紋《とうかもん》透かし、基壇は牡丹《ぼたん》・唐獅子《からじし》・銘文を陽鋳《ようちゅう》。こういう名称や意味に興味のある私は解説と実物を照らし合わせ見て納得だ。見どころは中台の十二支浮き彫りで、鼠《ねずみ》に瓜《うり》、牛に桜、虎に竹、兎《うさぎ》に葦《あし》、蛇に菊・桔梗《ききょう》、馬に松、羊に蘇鉄《そてつ》、猿に柿、鶏《とり》に牡丹、犬に南天、猪《いのしし》に瀬波、などの動きのある飄逸味《ひょういつみ》は、職人が楽しんだ様子がとてもいい。

〈霊水　霊境の湧泉は霊応あらたかにして信心する人の罪穢《ざいえ》を祓《はら》い霊威を垂れ給《たも》う〉とある手水舎《てみずしゃ》は巨大な自然石の刳《く》り貫《ぬ》きで、明治九年、明治天皇奥羽《おうう》巡幸の際、御休所・金子七郎兵ヱ邸にあった「水堀石」を御眼《おめ》にとめて由来を御下問、後の二十一年八幡町の篤志者が献納したとある。石裏に彫ったその名〈奉納　貸座敷　料

理店　藝妓《げいぎ》　い組〉がいい。

幅広い石段を上って本社殿前に立った。唐破風《からはふ》に千鳥破風を重ねて左右に長く、朱と金が豪華だ。

ぱん、ぱん。

頭《こうべ》を垂れ、柏手《かしわで》を打つとおちつく。私の家は神道ということもあるが、宗教色よりも氏神色のつよい神社は訪れた地への挨拶だ。振り返った境内の紅葉《もみじ》は鳥居の朱よりもなお赤く、ここは案外に高い場所で盛岡の町が一望だ。

境内にはいくつかの小神社も祀《まつ》られる。「高倍《たかべ》神社」の祭神・磐鹿六雁命《いわかむつかりのみこと》は第十二代景行《けいこう》天皇より膳《かしわで》臣（天皇の料理番）に命ぜられ宮中の食礼法の源を築き、調理生業の守り神と解説される。奉納額の、雫石《しずくいし》調理師会一同、菜園《さいえん》調理師専門学校、盛岡グランドホテル総料理長、料亭喜《き》の字《じ》、焼鳥ゆう助、宮田醤油店《しょうゆてん》などに、私の好きなそば屋「直利庵《ちょくりあん》」もある。居酒屋の本など書く私も奉納するべきか。

「健康神社」は〈霊験《れいげん》　肺神・肝神・腎神・心神・癌《がん》病・中風病・脾《ひ》神〉と続き〈人の一生は幸福でなければならない。幸福な生活を営むには、健康第一である。即《すなわ》ち幸福の基本は、健康であることである〉と誠に御もっともだった。

「ちろり」のロゴデザインがいい

*

境内いちばん奥にひっそりと、しかし敬意を表すように簡素な門がしつらえられて、米内光政《よないみつまさ》の銅像が立っていた。

〈米内光政氏は盛岡の人　若くして海軍に入り進んで大将大臣に至り又内閣總理《そうり》大臣となる　昭和二十年八月太平洋戦争の終局に際し米内海軍大臣が一貫不動　平和の聖斷《せいだん》を奉じて　克《よ》くわが国土と生民をその壊滅寸前に護《まも》ったことは永く日本国民の忘れてはならぬところである　逝去十三年　至誠沈勇のこの人今も世にあらばの感を新たにしつつこの文を撰《えら》ぶ　昭和三十五年十月　後進　小泉信三〉

台座碑文の小泉信三は現天皇の皇太子時代の教育掛《がかり》責任者として新時代の帝王学を説いた。現天皇の平和主義の根源はこの人にあったか。

解説に、米内は昭和十二年に海軍大臣に就任し陸軍の主張する三国同盟に反対。天皇の信頼厚く昭和十五年には岩手出身者三人目の総理大臣につくも陸軍の反対に遭い半年後に退任。太平洋戦争末期には四期めの海軍大臣として終戦に尽力。生涯反戦主義をつらぬき、海軍省廃省の責任者として日本海軍の最後を見届けたとある。

その像に私ははげしく心をうたれた。口を結んだやや心配気な表情には、いま目の前で進んでいる不義を止めねばならぬ決然たる意識がみなぎって静かで、他の全身を特徴なく仕上げたのがより表情を印象づけている。じっと見るうちに、今現在の軍国化暴走総理大臣を思いだしたくもないのに思いだしてしまった。亡国者めが。

盛岡の夜の繁華街・菜園の居酒屋「ちろり」に座り、地酒「月の輪《つきわ》」を傾けた。品書きに名物とある〈サンマの塩たたき五八〇円〉は、皮を引いた三枚下ろしに塩を振ってバーナーで焼き、そぎ切りしたもので、切り面の赤が食欲をそそる新機軸の傑作だ。今年の七月に開店したばかりだそうで若々しい雰囲気がいい。

「初雪はいつごろ？」

「十一月半ばですかね、岩手山《いわてさん》は一回降りました」

そうかあ。

鱈の白子の、たちこそば

盛岡の蕎麦《そば》屋「直利庵」は創業一三〇年の老舗《しにせ》。わんこそば・冷麺・じゃーじゃー麺を「盛岡三大麺」と言う。直利庵はわんこそばの座敷もあるが十五種もある〈季節の変わりそば〉が楽しみだ。去年の秋いただいた〈鮎《あゆ》そば〉はすばらしかった。

さて今日は、お、〈たちこそば一二五〇円〉というものがある。

「鱈《たら》の白子、たちこです。今年は二週間ほど早いです」

ものやわらかな女将《おかみ》は紺着物に白足袋《しろたび》、たすき。ではそれを。

届いた大丼は縁すれすれまでなみなみのおつゆに、全く形に乱れのないこんもりと完全形の特大生白子が五つ鎮座。雪のような白が、つゆに沈む下半分は薄い茶色

こんもりした白子が五つのる、たちこそば

に透け、笹切《ささぎ》りの太葱《ふとねぎ》が周りを囲む。まずおつゆ。

すー……。

醤油味はたいへん薄く上品。白子は箸では切れず、一個を持ちあげるとずしりと重く、ままよとかぶりつく。煮え過ぎず、つめたいままでなく、淡い甘みをもってとろーりと口の中で溶けてゆくのは夢のようだ。下支えするように沈む蕎麦はちっとも伸びてゆかない。取り巻く太葱は、妖艶爛熟《らんじゆく》の白子を若侍のようにきりりと支える。白子を三個たいらげたところで赤い粉一味唐辛子《とうがらし》を振ると、しずしずたる舞に一喝、カーンと鼓を打ったように劇的に変化して次第に額に汗が。

無我夢中。つゆ一滴残さず完食すると体がぽかぽかしてきた。白子は鱈のオスの精巣、男に男の精。さもありなん。

「いかがでしたか?」

「なんだか精がつきました」

「あら、ほほほほ」

うれしいやりとりで店を出た。

昨日、米内光政の像にこころ打たれた私は、同じ盛岡出身・原敬《はらたかし》の墓所を訪ねることにした。

北上川《きたかみがわ》に近い大慈寺《だいじじ》の広い石段上の山門は竜宮城のような大陸風楼門で、白く二股にかまえた下半分は白黒のなまこ仕上げ、上は欄干を巡らした舞台風。本殿は雄大な二層瓦屋根左右に鯱鉾《しゃちほこ》、中央に宝珠をのせ「大雄寶殿」の大扁額《へんがく》を上げてたいへん立派だ。墓地口の〈原敬墓所〉説明を読んだ。

安政三（一八五六）年に生まれた原敬は、わが国初の平民宰相として第十九代総理大臣に就任。清廉潔白、自由と平和を愛し、藩閥、軍閥、官僚などの特権階級と対決しながら明治憲法下で政党政治を実現。大正十（一九二一）年東京駅で暗殺された。その九カ月前にしたためていた遺書は、

〈一・死去の際位階勲等の昇叙は余の絶対に好まざる所なれば死去せば即刻発表すべし　一・東京にては何等《なんら》の式を営むに及ばず、遺骸は盛岡に送りて大慈寺に埋葬すべし　一・墓石の表面には余の姓名の外《ほか》戒名は勿論《もちろん》位階勲等も記すに及ばず〉

その通り、囲まれた墓所の墓石は人の立つ腰ほどの高さもなく、墓名は「原敬墓」のみ。前に置いた線香の炉にかぶせた白木屋根がわずかに丁寧を感じ、隣には全く同じ形で妻の墓石も立つ。大樹の黄色落葉が散り敷いた中、これは立って詣《まい》る

わけにはゆかず鞄《かばん》を脇に置き、しゃがんで手を合わせた。立派な寺の一隅の質素な墓は私を感銘させた。

＊

このあたり「鉈屋町《なたやちょう》」は千本格子の古い町家が続いて昔の盛岡をしのばせる。江戸時代から良質の湧水が豊富で、酒醸造などが盛んになり、今も「岩手川《いわてがわ》」「あさ開《びらき》」などの酒蔵がある。

街道脇の石畳敷地「大慈清水」は、木枠をはめた立派な石の水槽が、上から一番井戸・飲料水、二番・米とぎ場、三番・野菜食器洗い場、四番・洗濯物すすぎ場、と六段に低く続いて屋根掛けの外に流れ出る。底まで透明な水はまことに清らかだ。近隣「大慈清水用水組合」八十世帯の年間二四〇〇円の組合費により管理運営し、清潔維持、修理などを行うと説明がある。置いたコップでいただいた一杯は冬の日に温かみがあった。

掲示板にいろんな案内が貼られる。〈町家の新蕎麦〉は会費五〇〇〇円で〈もりおか町家物語・落語と和音演奏〉と〈特別催物・古き時代の思い出話＝大慈小・昭和26年卒業の皆様〉がいい。翌日は〈町家の忘年会〉だ。

〈参加者募集〉とあるのは大慈清水御休み処《どころ》の「投扇興《とうせんきょう》」で的作りや楽しみ方を指導。さらに〈大慈寺児童センターまつり〉はやきそば二〇〇円、フランクフルト一〇〇円、綿あめ実演もある。

〈原敬命日記念茶会〉は原家ゆかりの江戸千家お点前《てまえ》、さんさ踊り、蕎麦ふるまいに逸山《いつざん》忌《き》俳句大会と盛り沢山だ。郷土の偉人と子供を大切に、手作りでわが町を愛し楽しむ盛岡の風土がとてもいい。

夜の酒にはまだはやく、中津川《なかつがわ》「与《よ》の字橋《じばし》」先の通りに三軒ある古道具屋をのぞいた。古徳利でも買おうかと見た中の白い平盃《ひらはい》は真ん中に〈記念〉、縁は、おおなんと〈原総理大臣閣下歓迎会大正九年八月二九日〉の字が一周する九十五年前のものだ。フルエル手で五〇〇円を払った。家宝にしよう。

秋、錦繍の八寸

原敬の墓所を訪ねて知った旧奥州街道の古い町並みを気に入り、今日も歩いた。

市内から南へ向かう街道は、長大な明治橋《めいじばし》で盛岡はここまでの雰囲気になる。雫石川、中津川、簗川《やながわ》がすぐ上で合流した大河・北上川は架橋が難しく、まず小舟を並べた上に板を渡した浮橋「舟橋」が造られたのち、初めて木橋が架けられた〈明治橋　明治六年造〉の石柱が念願叶《かな》った喜びのように川岸に立つ。しかしその後も橋はよく流され、かつて私は、台風の濁流が飲み込まんばかりの橋を前に、向こう岸の父を訪ねて渡るべきか逡巡《しゅんじゅん》する幼い娘を『居酒屋かもめ唄』という本に書いた。

全長一五〇メートルの今の鉄橋のいくつもの橋脚は橋幅よりはるかに広い礎石で固められ、間の流れはごうごうと音をたてる。橋中央からは遠く岩手山を望み、都会盛岡といえども山深い東北の自然の中の小さな町に感じられる。
あたりは新山河岸《しんざんかし》と呼ばれ御番所、舟宿、御蔵が並ぶ北上川舟運《しゅううん》の要衝となった。市有形文化財の米蔵に、建物好きの私は〈建造江戸時代後期土蔵、平屋建て、屋根は桟瓦《さんがわらぶ》葺き切妻《きりづま》、外壁は大壁式白漆喰《しろしっくい》、腰は花崗岩《かこうがん》石積み、入口は観音開き、窓は外開きの土扉で開口部に鉄格子金網〉などの説明を実物と確認しながら読んでいった。

そこから足のままに歩いた屋敷「南昌荘《なんしょうそう》」は「みちのくの鉱山王」といわれた盛岡の実業家・瀬川安五郎《せがわやすごろう》が明治十八年頃に建て、原敬が渡欧準備に一カ月逗留《とうりゅう》したと説明がある。「南昌荘」大扁額の玄関や、いやに廊下の広い屋敷、巨大な自然石を転がしたような池泉回遊式庭園は鉱山王らしくというのも変だが、どこか豪放だ。資料の筆跡「有志事遂成」（こころざしあらばことついになる、か）は自信にあふれ、錦絵「恵比寿講の祝」は傍らに荒川（鉱山）銀判を山積みした瀬川安五郎が座長だ。東北一の繁華街と言われた秋田・川反《かわばた》通りの賑《にぎ》わいは鉱山景気によると聞いていたが、この人だったか。その秋田川反の屋敷、天皇巡幸に用意した行在所の写真もある。屋敷は四代にわたり持ち主が変遷。最後は売りに出たがマンション建設などで消失するのを危惧した盛岡市民生活協同組合（現在のいわて生協）が共有財産として購入、その後一般公開になったという経緯がいい。盛岡は市民の文化意識が高いところだ。

さらに歩き中津川の「下《しも》の橋《はし》」に出た。石碑に歌と解説がある。

城あとの古石垣にゐもたれて聞くとしもなき瀬の遠音かな　若山牧水《わかやまぼくすい》

教室の窓より遁《に》げてただ一人かの城址《しろあと》に寝に行きしかな　石川啄木《いしかわたくぼく》

〈啄木が晩年最も心を許し合った友人若山牧水は盛岡を三度訪れており、啄木がこよなく愛し歌った不来方《こずかた》城址《じょうし》で啄木を偲《しの》びながら数首詠じております――〉

その先の新渡戸稲造《にとべいなぞう》生誕地は小公園になり、奥に深椅子に座して片手を顎に黙考する等身大銅像が置かれる。文久《ぶんきゅう》二（一八六二）年、盛岡に生まれた新渡戸は東西文明融合の「太平洋のかけ橋たらん」と欧米に活躍。国際連盟事務局次長としての公正な言動は「連盟の良心」といわれ、かの地で没したとある。複雑なポーズによどみない彫刻作者は朝倉文夫《あさくらふみお》。めがね奥のまなざしはまさに「慈顔」だった。

＊

旧奥州街道の北上川際はかつて水運を司る役所・惣門《そうもん》が置かれた。隣の八幡町《はちまんちょう》・

割烹「惣門」のみごとな八寸盛り

松《まつ》尾町《おちょう》は料亭街で老舗「喜《き》の字《じ》」をはじめ、今は現役ではないらしい角の大館は半月窓、水車板の手すりなどが粋だ。割烹《かっぽう》「惣門」は一階二階の座敷中心だが奥の台所口の寄り付き五席カウンターが一人で飲める。

　右上隅に飾る板書は〈平成十一年九月十六日　盛岡八幡宮　神事流鏑馬当り的家内安全・商売繁盛・心願成就・祝惣門〉。一尺四方の平板を菱形《ひしがた》にとり、心願成就の「就」のところに白羽の矢が発止と的中する。流鏑馬奉行（進行審判役）の人が当店の改装祝に贈ったもので「祝惣門」は八幡宮宮司の筆になるそうだ。

　正面長押《なげし》に飾る総螺鈿《らでん》の長槍《ながやり》がみごとだ。入ってきた玄関に置いた黒光りする鉄の大砲は南部鉄で、砲身の太いところで径およそ五寸。〈荻野流百目玉　大砲　総長寸三尺四寸五分　武蔵國足立郡川口宿　鋳造師益田安五郎　録鋳南部藩〉とある。

　地酒「鷲《わし》の尾《お》」のお燗《かん》がはらわたに沁みわたった。冬の盛岡に来てよかったなあ。こうした旅のひとり酒が一番だ。

　届いたお通し八寸に目を見張った。帆立《ほたて》の子の粒が散る寄せ物、海苔《のり》と山葵《わさび》のたれをかけた蒸し海老《えび》、牛蒡《ごぼう》の牛肉巻、海老しんじょを詰めて揚げた椎茸《しいたけ》、貝殻風の筋目包丁入り帆立蒸し、かるく炙《あぶ》ったイカに焼海苔を抱かせて明太子に巻いたもの、鰻《うなぎ》の玉子焼き巻。

入念な手仕事が、わずか十センチほどの皿に紅葉《もみじ》を添えてぎっしりと、まさに錦《きん》繡《しゅう》ここに極まり、黒瓢《くろひさご》形小鉢で季節の芋の子おろし和《あ》えが加わる。

「これはみごとですねえ」

「主人が毎日、あるものでちょこちょこ作るんですよ」

女将さんがにっこりする。「私は海老をパセリで巻いたのが好き」と言ったら「おまえのために作ってるんじゃない」と叱られたと笑うのがいい。これ目当てに毎日来る人がいて意地でも毎日変えるそうだ。このカウンターに座るのは三度目だが、いつも料理の腕の立つ人だなあと感心していた。

玄関の額の盛岡城の絵を誉《ほ》めると「あれは主人の父の作です」と言われて驚いた。義父・鈴木良勇氏は満洲出征後にシベリア抑留から帰られ、三十年ほど前に亡くなられたが、背筋のびしっとした怖いような方だったという。設計の仕事のかたわら、盛岡城再建運動のため様々な文献を調べ〈盛岡城　奥州陸奥之國《むつのくに》　南部弐拾《にじゅう》萬《まん》石之居城　藩城下町繪詞《えことば》〉の絵に表した。

色紙五枚を横につなげ、右に中津川「下の橋」、中央に石垣の大手門から天守閣、隅櫓《すみやぐら》などが重なり、残雪の姫神山《ひめかみさん》、岩手山を遠望する大作だ。季節は早春。右の橋たもとはしゃがんで釣り糸を垂れる侍を同僚と童子が見守り、橋上から蘭学医風も見る。川を行く米俵を積んだ舟は一人は棹《さお》を押し、一人はのんびり煙管《きせる》で一服。川面の子鳥たちを親鳥が守る。

考え抜かれた構図、川原の表情、樹々《きぎ》の描き分けや着彩、城郭の精確、人々を配した温かさ。親しみやすい画力はじつにすばらしく、最後に参考図会を列挙〈昭和五十一年三月吉日〉と落款を押す。さらに別枠で御蔵、御菜園農地、天守閣、筋違《すじかい》橋《ばし》、吹貫《ふきぬき》馬場などの註を施し〈当時、城の周囲は杉松の樹立《こだ》ちで覆われ、城郭の全貌を望見することが出来なかったものと思われる、この絵詞は、それ等前面の樹木を疎《まば》らにすることに依《よ》って古図による城郭の形態と配置を明らかにしたものである〉と結び、決して自由な想像図ではないことを記す。

研究に裏付けられた雄大な構想に温かさを盛り込んで、ありし日の南部藩を描いた畢生《ひっせい》の作品にしばしば見入った。

東京

揚子江菜館の上海やきそば

平松洋子《ひらまつようこ》さんに『焼き餃子と名画座』という名エッセイがある。そのまねでいこう。

東京・神保町《じんぼうちょう》は世界に冠たる古書の町だが、戦前から映画館の町でもあった。しばらく途絶えていたが一九六八年、神保町交差点に「岩波《いわなみ》ホール」、二〇〇七年、すずらん通り横に「神保町シアター」が開館して映画の町が復活。それぞれ岩波書店、小学館と地元出版社によるのが神保町らしく、岩波ホールは未公開作、神保町シアターは旧作と色分けされた。

旧作日本映画をフィルム上映する名画座はたいへん盛んになりファンは上映を追いかけるのにうれしい悲鳴だ。各館が知恵をこらすのが一カ月単位で組む特集編成。

神保町シアターは地元らしく文芸映画に定評があるが、今は新春第一弾「泣いて！笑って！　どっこい生きる！　映画監督・瀬川昌治《せがわまさはる》」十六作の上映中だ。喜劇の名手・瀬川昌治作品は以前見た『乾杯！ごきげん野郎』がとてもよかった。今日は傑作の誉《ほま》れ高い『瀬戸はよいとこ　花嫁観光船』（一九七六年）を見る。

整理番号つきのチケットを買い、上映開始十分前から順に入場。中高年はそういうことをきちっと守り、しずしずと入場。席は指定されずどこでも良いが、常連は自分の好きな席があり、私は「C6」で、しめしめ座れた。

横長シネマスコープに、おなじみ富士山の松竹映画タイトルが出て本編へ。

――瀬戸内の架橋建設が決まってわきたつ明石《あかし》の町。漫才コンビ「明石鯛吉《たいきち》・鳴門《なると》わかめ」で売ったフランキー堺《さかい》と朝丘雪路《あさおかゆきじ》は今はパチンコ屋だが、海岸の旅館を買収してレジャーホテルにしようと画策する。口喧嘩《くちげんか》していても「それかいな」「それやがな」「あ、ほいさ」「あ、はいや」「ほいさっ」「はいさっ」とつい手八丁でノってしまうフランキーと雪路。

観光船船長の財津一郎《ざいついちろう》は架橋反対ウーマンリブ闘士の妻・日色《ひいろ》ともゑの尻に敷かれている。若い田坂都《たさかみやこ》が熱をあげる朗々と万葉集を歌い上げる塾の教師・山城新《やましろしん》伍《ご》はじつはストリップ好きで、神戸の劇場でフランキーと知り合う。

あれこれあって、フランキー・財津・新伍の男組と、雪路・ともゑ・都の女組は対決。対決するが別れてみると互いが恋しく、阿波《あわ》踊りの会場でお面をかぶって踊り合ううち和解……するはずが、なじみのストリッパーの色仕掛けの闖入《ちんにゅう》で再び断交。ホテルが満員でもぐりこんだ観光船は猛台風で鳴門の大渦に巻き込まれ、男たちが必死に助けに出る。最後はそれぞれ夫婦になった六人を乗せた観光船が平和な瀬戸内を進んで歌が流れる。

喜劇映画はいいなー。芸達者がその芸でドタバタとからみあうのが最高だ。荒れ狂う船内のスラプスティックな昂揚《こうよう》はすばらしい。恐妻家の財津一郎が淋《さび》しくなるとイタリア民謡「帰れソレントへ」を口ずさむのが泣かせた。

＊

映画を終えて昼飯。平松洋子さんは神保町シアターの後、向かいの店で生ビールと餃子。私はすずらん通りの「揚子江菜館《ようすこうさいかん》」へ。

神保町は古くから中国留学生でにぎわい、全盛期には百数十の中華料理屋があったという。創業明治三十九（一九〇六）年の揚子江菜館は現存する店では最も古く、

「揚子江菜館」の上海やきそばはボリュームもある

それ以前は西神田で「支那《しな》そば」という店名で始めていた。

神保町シアターと揚子江菜館は私にはセットで、いつも今日は何にしようかなあと考える。中華料理は種類がたいへん多く写真入りメニューはあれもこれも魅力だ。カレーとの相性抜群とある肉を二〇〇グラムも使うハンバーグ風の〈獅子頭咖哩《ししとうカレー》〉や、中国皇帝歴代最長寿、八十九歳の清《しん》朝乾隆帝《けんりゅうてい》が好んだという〈乾隆肉麺〉をぜひ食べてみたい。昭和八（一九三三）年、二代目が神田「まつや」の蕎麦《そば》が好きで、中華麺でざるそばのようなものができないかと考案したという元祖冷やし中華〈五色涼拌麺《ごもくひやしそば》〉は、いろんな具を富士山に見立てて三角に盛り、名物になった。私がよく頼むのは〈上海炒麺《しゃんはいやきそば》一三〇〇円〉だ。

薄いピンクのテーブルクロス、明るくおちついた店内は大人のゆっくりした食事に向く。中高年になったら中華だなあ。食べやすく、メニューでどういう料理かわかり、麺や焼飯のように一皿だけでもすむのがありがたい。

とどいた上海やきそばは大皿に山盛り。細めの麺はやわらかく、もやし・玉葱《たまねぎ》・木耳《きくらげ》・肉少しのシンプルながら、やや醬油《しょうゆ》味を感じる明快な味は、けっこうなボリュームをいくら食べても飽きない。食通作家・池波正太郎《いけなみしょうたろう》が好んで注文したそうで、こういうものが好きだったんだな。

赤い額縁で店内に飾られる、石橋の水路を巡る風景画がいい。戦前とおぼしき古いレジスターのある勘定場で聞くと、あ蘇州《そしゅう》の風景と教えてくれた。

銀座、天國の天丼

よい年齢になって、楽しみは名画座と外での昼飯だ。これも小さな「おいしい旅」といえよう。

東京はいま名画座ブーム。池袋《いけぶくろ》の「新文芸坐《しんぶんげいざ》」、神保町「神保町シアター」、阿佐谷《あさがや》「ラピュタ阿佐ヶ谷」、渋谷《しぶや》「シネマヴェーラ渋谷」、京橋《きょうばし》の「東京国立近代美術館フィルムセンター」の五館はどこも混んでいる。

旧作が新作と同価値で常に上映される形態が定着したのは映画財産の豊かな復権だ。初公開から何十年ぶりの上映は常のことで、初めて見る作品はその人にとっては新作だ。最近は若い客もたいへん増え、ますます混んでいる。

中心は往年の日本映画だ。それも黒澤・小津《おづ》などの巨匠は卒業した目の肥えたフアンにむけて、定評名作にこだわらず様々な特集を組み、その編成が苦心のしどころだ。例えば「銀幕に輝きつづける、永遠のヒロイン　追悼　原節子《はらせつこ》」（新文芸坐）、「恋する女優・芦川《あしかわ》いづみアンコール」（神保町シアター）、「東京映画地図」（ラピュタ阿佐ヶ谷）、「映画作家・田中登《たなかのぼる》」（シネマヴェーラ渋谷）。

客は中高年が多い。そのわけは——。

・中高年が行く場所にふさわしいこと
・若いころ面白そうだなと思っても見逃していた作品を見られること
・自分の青春と同時代の映画は風景も生活も懐かしさに満ちていること
・今の俳優には望むべくもない往年のスターの輝き

あたりか。単純に昔の映画の方が面白いといえる。人気は男優は田宮二郎《たみやじろう》、女優は若尾文子《わかおあやこ》だ。

さて今日の近代美術館フィルムセンターは映画の保存を目的とした公的機関として出発し、収蔵作品の上映も本格で、作品は内外を問わないがやはり日本映画は人気だ。今は「映画監督・三隅研次《みすみけんじ》」。劇場用映画五十一本、テレビ作品十九本を三月半ばまで順次上映中。本日は『編笠権八《あみがさごんぱち》』（一九五六年）。

――孤高の剣士・市川雷蔵《いちかわらいぞう》は、その腕を老中に買われて御前で藩の腕ききと試合を行い、ことごとくやり込め、高禄《こうろく》の仕官を提示されるが断って去る。負けた藩士が雷蔵に闇討ちをかけ、それを止めに入った老中を雷蔵は誤って斬ってしまう。藩士は自分たちの闇討ちを棚にあげ、老中の娘に仇討《あだう》ちを強制する。雷蔵は江戸から西へ向かう途中、仇《かたき》を追う娘と知り合い小太刀《こだち》の秘法を教え、やがて互いに恋心が生まれる。しかしその娘が追う仇は自分であった。

映画黄金期の白黒画面は名匠・三隅の研ぎ澄まされた感性で格調ゆたかに展開する。宿に巡礼にきた子供角兵衛獅子《かくべえじし》の芸を眺め終え、その笛を貸せと朗々と吹き、喜んだ角兵衛獅子がまた踊るのを見つめる仇討ちの娘。またある夜、こんどは娘が自らの守りと持ち歩く笛を吹き、じっと聴いていた雷蔵の台詞《せりふ》「笛の音は心を表すという、今のそなたの心は澄み切っている」がいい。

＊

結末を巧みにおさめ、映画は清々《すがすが》しく終わった。さて飯。今日は天丼だ。

京橋から中央通りを歩いて銀座へ。フィルムセンターの後はなんとなく銀座に足が向く。銀座中央通りは海外ブランドのビルが林立するようになった。超高級品を買う人がいるのかなと思うが、銀座に大きな直営店を持つのはブランドのデモンストレーションなのだろう。

和光《わこう》のある四丁目交差点を過ぎたあたりから路上は大型観光バスがずらりと駐車し、二列駐車もある。こんなことは今までになく銀座にふさわしくない。路上で大きな旅行ケースを開ける中国人団体のマナーもよくない。建築や看板などを規制する銀座ルールを持つ老舗《しにせ》旦那衆と話したとき、海外ブランドビルの林立には「商売にならないとわかったらいずれ撤退するでしょう」、マナーのわるい団体観光客の横行は「そのうち来なくなりますよ」と達観していたのはさすがだ。

銀座八丁目、その先は新橋になる「銀座天國《てんくに》本店」は創業明治十八（一八八五）年の老舗。始まりは屋台で、まだ銀座の地名がないころだったという。昭和二十七（一九五二）年に建てられた瓦屋根数寄屋《すきや》の大きな店は風格があり、私が資生堂《しせいどう》勤務時代にいちど入ってみたいなあと思っていた。今は八階建てのビルだ。その一階の椅子卓席へ。

さて天丼。私は天ぷらばかりが続く専門店は苦手だが、天丼は大好物。しかし専門店は天丼は昼だけの所が多く、夕方五時の今に常時天丼のある天國はありがたい。

見田盛夫《みたもりお》さんの食通本に、作家・池波正太郎はここの〈かき揚げ丼〉を、俳優・三橋達也《みはしたつや》は〈天丼〉を好んだとあった。私は銀座の似合う三橋達也の大ファン、映画の帰りでもあるし、こちらにしよう。

天丼は、A一六二〇円、B二二六八円、C三〇二四円。今月のおすすめ丼〈海老《えび》・イカ・ゆり根のかき揚げ丼二一六〇円〉もある。

届いたB天丼は、海老二尾・イカかき揚・穴子・茄子《なす》・ししとうがこんもりとうずたかい。何からいくかな、穴子だな。衣たっぷりに丼つゆもたっぷり。天ぷらはご飯と食べるからうまい。最近の天ぷら屋は塩で食べろとばかり言うが冗談じゃない。天つゆにくぐらせて濡《ぬ》らすからうまいんだ。

編笠権八は仇討ちの娘と去った。娘は添い遂げ、晩酌の夫に笛を聴かせたことだろう。天ぷらはどうだったか。

「銀座　天國本店」のＢ天丼

ニコライ堂からカキフライ

阿佐谷の名画座「ラピュタ阿佐ヶ谷」の特集「東京映画地図」チラシにこう書かれている。

〈キネマ旬報にて好評連載中、イラストレーター・宮崎祐治《みやざきゆうじ》さんの人気コラム『東京映画地図』とコラボレートし、とっておきの〝東京映画〟36作品をお届けします。戦後焼け野原から復興し、今なお姿を変えゆくこの街。失われてしまった風景も、変わらぬものも――。さあ皆さん、スクリーンで東京散策に出かけませんか〉

これは良い企画だ。スターばかりが映画ではない、風景もまた主役。劇映画はニュース映画のリアリズムとはちがい、その場所を良いアングルでフレームにおさめ、光も計算、ときには邪魔なものは除《よ》け、現実の風景をより美しく撮影する。話は他愛なくても映し出された風景はたまらないノスタルジーをかきたて、自分の生きてきた過去を肯定する気持ちになってゆく。これが古い映画の魅力だ。

ラピュタ阿佐ヶ谷の、自動販売機ではないポットの有料コーヒーが香る小さなロビーは木床、大きな木製丸テーブルに切り株のベンチ。往年のスターのマルベル堂プロマイド写真の販売ツリーや、作品資料、関連図書、ポスターなど映画愛がいっぱいだ。『とんかつ大将』(傑作!)のポスターに、とんかつの食品サンプルを添えるのがいい。大きな東京地図パネルは、上映作のロケ場所を特定した小窓を設け、例えば上野の西郷《さいごう》銅像の「めくってほしいでごわす」の吹きだしを開けると『七人の刑事　終着駅の女』のスチールと解説がある苦心作だ。本日の作品は『愛情の都』(一九五八年)。

——神田。ニコライ堂の見える裏道のバー「カビリア」のマダム・草笛光子《くさぶえみつこ》を頼って上京した義妹・司葉子《つかさようこ》の最初の接客は、コーヒーを飲みに来た宝田明《たからだあきら》だった。

宝田の勤める会社の社長は自分の父だが、じつは手をつけた女中に産ませた子で、それをすねてダンサーの愛人(淡路恵子《あわじけいこ》)を持つなど放蕩《ほうとう》を繰りかえし、父の用意した好縁談にも他人顔だ。

宝田の同僚・小泉博《こいずみひろし》は彼が社長の息子でも遠慮せず、男として意見するが、一方マダム草笛に気持ちがあり、カビリアでいつも飲み過ぎる。司葉子は休日に同僚と出かけたお好み焼き屋で宝田と二人になり、悪評判の彼がじつは淋しがり屋の純な性格と知り、宝田は彼女の水商売にない清純を知り、互いに惹《ひ》かれあう。

宝田が気を許すのは父にかつて奉公していた下町の浪花千栄子《なにわちえこ》の家だ。そこの娘・団令子《だんれいこ》も父の会社の庶務課に勤め、ひそかにハンサムな宝田に憧れているが口に出せない。浪花は忠義だてに彼の縁談成就のためカビリアを訪ね、司に手切金を渡すから別れろと迫る。マダム草笛はその無礼を怒りつつも「あの男はやはりだめ」と司にきつく意見する。悲嘆にくれた司は店をとび出し、カビリアオーナー河津清三郎《かわづせいざぶろう》の口車で銀座の三流キャバレーに身をおとす。傷心の宝田はぴたりと放蕩が止《や》み、彼女の居所をみつけたがすっかり場末の女に零落していた。過去を清算しようとした宝田は愛人にピストルで撃たれ事件となる。

パリのカルチェ・ラタンをイメージしたような裏町のセットがすばらしい。ニコライ堂が見えるお茶の水・聖橋《ひじりばし》にたたずむ司のロングショット。今の俳優に望むべくもない大人の艶をもった俳優たちの巧みなメロドラマにうっとりさせられる。

「松榮亭」のカキフライは大きい

とりわけ宝田明！　不実を迫られて口をつぐむ横顔は二枚目の見せ場。私は氏のファンで、反安倍政権「立憲政治を取り戻す国民運動委員会」に名を連ねる気骨ある二枚目に尊敬の念を持っている。

そしてまた司葉子の気品ある美貌！　もちろん最後は二人のシーン。

「君は、私はおちぶれてしまった女と言ったけど、ぼくもそうなった」

「だから助け合ってゆきましょうね」

＊

終わるとニコライ堂が見たくなり、阿佐谷から中央線に乗ってお茶の水へ。明治二十四年に完成した通称ニコライ堂の実設計は、日本各地に名建築を残したジョサイア・コンドル。鉄柵の門柱には〈日本ハリストス正教会教團 東京復活大聖堂〉。壁の白、礎石や窓装飾は凝灰岩の黒、ドーム屋根は緑の三色で統一された日本最大のビザンチン式建築で、正面入口上には左手に「太初に言有り 言は神と共に有り」と書かれた本を持ち、右手は天を指さすキリスト像が描かれる。

このニコライ堂を遠望する場所設定が今日の映画にエキゾチズムを生み、浪花千栄子の住む下町を効果的に対比させていた。おりしも中央尖塔《せんとう》の鐘が鳴った。

並木道の淡路坂《あわじざか》を少し下って淡路町の洋食「松榮亭《しょうえいてい》」へ。創業明治四十年はニコライ堂の十六年後だ。この冬最後のカキフライをいただこう。木の床、小窓にレースカーテンのおちついた洋食屋は、夏目漱石《なつめそうせき》の注文で作った〈洋風かきあげ〉が名物だ。コンソメスープとライスがついた〈カキフライランチ〉は一六〇〇円。たっぷり大きなフライ五個を、添えたタルタルソースで、次に卓上のウスターソースで、最後に両方ごちゃまぜで。

神田ならば宝田明も司葉子を松榮亭に誘ったかもしれない。注文はカキフライだっただろうか。

資生堂パーラーのオムライス

大女優・原節子、本名・會田昌江《あいだまさえ》が亡くなっていた。「原」も「節子」も平凡な姓名だが、それが一つになった「原節子」は、もはや誰もつけられない彼女だけの名前になった。

一九三五年、十五歳で映画界に入る。日独合作など様々な作を経た戦後、『わが青春に悔なし』『安城《あんじょう》家の舞踏会』『青い山脈』『晩春』『東京物語』『めし』『山の音』と二十六歳から三十三歳の間を、黒澤明、吉村公三郎《よしむらこうざぶろう》、今井正《いまいただし》、小津安二郎《やすじろう》、成瀬巳喜男《なるせみきお》の巨匠作に主演し大女優の名声を不動にした。『日本映画俳優全集・女優編』（キネマ旬報社／一九八〇年）の原節子の項は、佐藤忠男《さとうただお》が四段組五ページの長きを費やしている。以下部分引用させていただく。

〈……彼女の役は、いずれも育ちのいいお嬢さんで、品がよく、頭もよさそうなしっかりものである。そういう女性が、戦中戦後の困難な時代を生真面目《きまじめ》に生きぬいてきて、社会の混乱にスポイルされることもなく、その真面目さによって男たちを励まし、心の支えとなり、汚れのない微笑はまた人々に明日への希望を抱かせる、ということで、スクリーンにおける彼女こそ戦後日本の希望の星といった観さえ持たせ、敗戦によって多くの貴重な美徳を失ったと思っている日本人に、いやいや、日本女性の気高さとやさしさに少しも変わりはない、いやむしろ、封建的な忍従の精神から解放されただけ、いっそう伸び伸びと豊かな美しさにあふれているのではないかと感じさせるものがあった〉

女優原節子にこれ以上の適切な説明はあるまい。

彼女は終戦翌年の一九四六年、二十六歳のとき、資生堂のポスターに登場した。手もとの『資生堂宣伝史』（資生堂／一九七九年）によると〈戦後のわが国であらゆる業界を通じて最初の多色刷ポスターである。派手であるべき映画のポスターでさえ二色刷の時代であった〉と特筆される。

起用を決めたのは名社長・松本昇《まつもとのぼる》で、普段は宣伝に口を出さない中で異例であった。戦後の荒廃から立ちあがる女性像を化粧品会社として彼女に託したのであろう。写真フィルムもままならず、撮影スタジオもなく、デザイン案にあるカーネーションを手に入れる花屋もない撮影状況が書かれる。

〈五月の晴れた日、資生堂ビルディングの屋上で撮影した。原は国防色のスーツの上衣を、持ってきた白いブラウスに替えた。カーネーションの花数輪は、夜の銀座で進駐軍に顔の売れていた自称ジョージから入手した〉

小津安二郎はこのポスターを見たと思う。白い清楚《せいそ》なブラウスは『東京物語』で再現された。

私が資生堂宣伝部に入社して過去の作品を勉強していた中に、私の生まれた年に作られた原節子のポスターがあったのは驚きで、新しい時代の希望を明朗に描いていることに感動した。

昨年十二月、失われたとされていたフィルム『殿様ホテル』（一九四九年）を発見しての試写に招かれた。特別出演の原は令嬢風女スリの役どころを楽しそうに演じていた。池袋の「新文芸坐」は「銀幕に輝きつづける、永遠のヒロイン　追悼原節子」として二十八作を上映している。今日は『慕情の人』（一九六一年）を見に来た。

　――銀座の小さなスポーツ用品店を経営する未亡人原節子を、亡夫の友人三橋達也がてきぱきと助けている。原の義妹の白川由美《しらかわゆみ》は大人の二人が秘《ひそ》かに心寄せ合っているのを察知し、自分の恋人を原に押し付けたり、自分は三橋に接近したりして波乱をおこす。

　このとき原節子四十一歳。実質的な主演作としては最後で、翌年ひっそりと映画界から身を引く。恋愛劇を演じる限界の年齢にもう白いブラウスは着られず、終始着物で通し、成熟した大人の女性の愛情表現は後光が射している。

　ブラジルに発《た》つ三橋は見送りの白川には耳飾りを贈り、原には「君には何も贈らない、しかし目処《めど》が立ったら必ず迎えに来る」と言う。それは自らを受け止めてほしいという意味だった。

＊

　映画が終わると地下鉄丸ノ内線でまっすぐ銀座に向かった。原はポスター撮影後に「資生堂パーラー」に招かれたかもしれない。私が入社した日、上司が課員数名とともに昼食してくれたのもここだった。それまでの食うや食わずの貧乏学生に白いテーブルクロス、金縁の皿、銀の食器は別世界だった。その時のオムライスを食べよう。

黄金色に輝くオムレツにしっとりと赤いトマトソースがかかる端にそっとスプーンを差し込むと、甘酸っぱいチキンライスの香りがふわりと立ち上がり、添える軽い揚げパセリが味をひきたてる。

上品な資生堂パーラーは高峰秀子《たかみねひでこ》、岸惠子《きしけいこ》、久我美子《くがよしこ》などスター女優が来る店で、もちろん原節子も訪れただろう。オムライスも召し上がったにちがいない。

「資生堂パーラー銀座本店」のオムライス

下北沢、焼油揚の食べ方

二月、とてもうれしいことがあった。下北沢《しもきたざわ》・本多《ほんだ》劇場の『星屑《ほしくず》の町・完結篇《へん》』公演だ。

劇作家・水谷龍二《みずたにりゅうじ》が一九九四年に発表した『星屑の町〜山田修とハローナイツ物語〜』は好評で『南国旅情篇』『ナニワ純情篇』『長崎慕情篇』『東京砂漠篇』『新宿歌舞伎町篇』とシリーズ化された九年ぶりの復活『完結篇』だ。私は初演以来の熱狂的ファンですべて見てきた。

映画好きだが演劇も好き。一九六四年に上京してすぐに見た唐十郎《からじゅうろう》率いる「状況劇場」に決定的に心をつかまれ、新宿花園《はなぞの》神社の紅《あか》テント公演は欠かさなかった。いろいろ見るうち気に入りの作家ができ、つかこうへい作品や、柄本明《えもとあきら》率いる

「劇団東京乾電池」を追うようになる。いずれも全く無名の最初期から見ているのが自慢だ。

好みはずばりコメディタッチ。達者な役者を笑いながら見ているうち、次第に大きなものが心をつかんで行くのが演劇の醍醐味《だいごみ》だ。ひいきは三谷幸喜《みたにこうき》、永井愛《ながいあい》、中島淳彦《なかじまあつひこ》、佐藤B作《さとうビーさく》率いる「東京ヴォードヴィルショー」、松金《まつかね》よね子《こ》・岡本麗《おかもとれい》・田岡美也子《たおかみやこ》の女優ユニット「グループる・ばる」あたりと書けば見当がつくだろう。

『星屑の町』で意気投合した水谷龍二と役者たちは「星屑の会」を結成。『クレイジーホスト』『ある晴れた日の自衛隊』シリーズや、役者当て書きの小舞台などをどんどん上演し、どれも見応えがあった。

『星屑の町』は、売れないムードコーラスグループ「山田修とハローナイツ」がどさ回りを続けながら、常に解散の危機をはらんで反目や失敗を繰り返してゆく物語。メンバーは、泣き虫リーダー小宮孝泰《こみやたかやす》、女たらしラサール石井《いしい》、とぼけた渡辺哲《わたなべてつ》、ボケ役でんでん、問題児・有薗芳記《ありぞのよしき》、田舎《いなか》のお調子者・菅原大吉《すがわらだいきち》。初演当時は名も小さかった役者たちは、今や皆さん個性派の大物になった。

お決まりの見せ場はなんといってもリードボーカルにつけるバックコーラス「♫

ワワワワー」だ。作り笑顔でゆったりリズムを刻むステップ、時に肩をはね上げるキメ所は、じつに全くスバラシイ。

今回は脱退した元リードボーカル・大平《たいへい》サブローに加え、名女優にして名歌手、セクシーにしてお茶目もできる名花、私の大々好きな戸田恵子《とだけいこ》様が出演してくださる。『東京砂漠篇』に次いで二度目。この完結篇の噂《うわさ》を聞き、自ら出演を志願したそうで心意気に泣ける。チラシのキャッチコピーは〈ここは凍《い》てつく北国の、崩れゆく夢の跡……「しんちゃん　歌ってくれよ！」〉。

――函館《はこだて》。長く閉鎖の続いていたキャバレー「海峡」を、ある社長が酔狂で、活動停止していた「ハローナイツ」の面々を集めて一晩だけのショーを行うことになった。客は社長一人だがギャラも充分。ただし条件が一つあり、社長の歌手志望の娘にも歌わせること。

満員の本多劇場。薄く流れていた三橋美智也《みはしみちや》の名曲「星屑の町」が次第にボリュームアップすると場内が真っ暗になるおなじみのプロローグに早くもナミダ。一転スポットライトが照らし出したステージには、真っ赤なタキシード衣裳《いしよう》のハローナイツが「♫ワワワワー」と肩をせりあげ、大平サブローが切々と「中の島ブルー

「両花」の焼油揚・角野流

ス」を歌う。終えてすぐあでやかなロングドレスで戸田恵子演じる歌手キティ岩城《いわき》が登場。「え、もう出ちゃうの？」とうれしいような勿体《もったい》ないような。

それから二時間、笑った笑った、泣いた泣いた。カーテンコール出演者紹介の恵子様に「♡キティ！」と声を飛ばす私でした。

＊

感動さめやらぬまま下北沢の居酒屋「両花《りょうはな》」へ。二十年も前、私にこの芝居を教えてくれた恩人で雑誌『シアターガイド』を発行するIさんと、ここでじっくりその日の舞台を反芻《はんすう》するのも恒例になった。肴《さかな》のお決まりはこれ。

「焼油揚ね」

「はい、角野《かどの》流ですね」

「そうともよ」

同じ下北沢演劇仲間の角野卓造《たくぞう》さんは、好物焼油揚の薬味刻み葱は別皿にもらい、醤油をかけ回しておくと粘りが出てくる。それをのせていただく。教わった私もそれ流になった。

名舞台の後の酒ほどうまいものはない。演劇はそれまで何もなかった舞台に、二時間後には目の前で人が作った圧倒的な感動が生まれているライブ感にあり、その興奮の受け皿が必要だ。出来上がった映写を見終えたらすぐ現実にもどる映画とはここが違う。

するとそこに、おお！　水谷龍二さんと、いま舞台に立っていた菅原大吉さんが来たではないか。

「ここだと思った」

水谷さん、泣いた、としがみつき『続・完結篇』を作ってくれよとねだるとカンラカンラと笑い、焼油揚に箸を伸ばすのでした。

浪曲と、あられそば

若い頃から映画、演劇、音楽が好きで美術は専門。歌舞伎は見たことがある程度。落語はたまに高座に行くが全集CDを買うほどではない。この歳《とし》（七十です）になって新しく興味あるジャンルが現れるとは思ってもみなかった。

浪曲だ。古くさいイメージで何も知らなかった芸能を、知人から薦められて玉川《たまがわ》奈々福《ななふく》の口演を見て、ずしりとはまった。

女流浪曲師・玉川奈々福は、上智大学文学部国文学科を卒業して出版社の書籍編集に入った才媛。一九九五年、三味線でも習おうか程度の気持ちで玉川福太郎《ふくたろう》に曲師（浪曲三味線演奏）入門。六年後、師の薦めで浪曲師修業を始めて猛稽古を積み、五年後には名披露目興行を開くまでになった。新作ネタおろしや自らのプロデュースロ演ゲストに小沢昭一《おざわしょういち》や井上《いのうえ》ひさしを迎えるなど活躍はめざましく、長年勤めた出版社も退職して覚悟の独り立ち。女流浪曲師＝年配太めの印象がある中、スカッとした美貌もあって今や浪曲界の一大看板である。と知っていたわけでは全然ない。チラシの美人写真と文芸編集者から転身というキャリアに惹かれ、某日「玉川奈々福の浪曲破天荒列伝・番外編」にやってきた。場所は浅草木馬亭《もくばてい》。客は着物の夫婦や女性グループ、若い男女もいて、互いの知り合いに「〇〇ちゃーん」と声をかけている。本場所を終えた髷《まげ》に浴衣《ゆかた》の力士三人や私の隣席の一人で来ている身なり質素なおばさんもいい。

演目は「長編浪曲一挙口演　悲願千人斬の女　原作・小沢信男《おざわのぶお》／作・玉川奈々福／曲師・沢村豊子《さわむらとよこ》」。チラシ解説によると時代は幕末から明治。東京下谷《したや》に生まれた小川《おがわ》みさ（後の「松の門三艸子《まつのとみさこ》」実在の人物）は生まれついての器量よし。望まれて十三歳で深川《ふかがわ》の大店《おおだな》に嫁いだが、夫の浮気に腹をたて二年で出戻り。以降、能役者、高知の殿様、二枚目与力《よりき》、御祐筆《ごゆうひつ》、大歌人など、江戸の女の心意気で痛快無比に男をあやつる一方閨秀《けいしゅう》歌人としてもてはやされ、男千人斬の噂も……。

古き良き演芸小屋の超満員の熱気にするすると幕が開き、すかさず飛ぶ「待ってました！」の掛け声。断髪の奈々福嬢は黒地に白百合《しらゆり》あでやかな振り袖、銀髪の曲師・沢村豊子名人は辻《つじ》が花《はな》。

「頃は幕末下谷町～　器量ととのう玉むすめ～」

と始まったかどうか忘れたが、地語りから一転、声艶ゆたかな名調子、唸《うな》るこぶし、切れる啖呵《たんか》、人物描写、表情変化、地声で笑いをとる「けれん」。音頭朗々もった扇子をパッとかざして見得をきれば「よし！」「その調子！」とわき立つ大拍手。浪曲ってこんなに面白いものだったか！

絶頂の三艸子主役の上流書画会へ男前がゆっくりと歩んで来る。「どなた様？アッ、あなたは！」満場固唾《かたず》を飲むと一拍置き、ぐっと声を落として「ちょうど時間となりました～」と休憩を告げるタイミングに満場脱力して大爆笑。

奈々福嬢は水も滴るいい女、というより、水もはじき飛ばすピカピカのいい女。ぐんぐん物語を進め、時に一瞬の間の沈黙。「ア、イヤ、ホウ」と合いの手曲師の阿《あ》吽《うん》の呼吸。たっぷり感情を込めて語り尽くさんとする「覇気」がすばらしい。座って演じる落語の語り芸は「粋」だが、演台を前に立って演じる浪曲は「痛快」。胸の空《す》く気持ち良さに身も心も奪われた二時間の幕が引かれると「大当たりぃ～！」の声が飛んだ。

＊

浅草の町は人でいっぱいだ。演者の幟《のぼり》が林立する浅草演芸ホールはハッピの呼び込みが声をあげる。全身白塗りでぴくりとも動かない妖女の路上大道芸を興味深げに見ていた制服女子高生に、妖女がニヤと笑うときゃーきゃー喜ぶ。場外馬券売り場前は、昼日中から道端に座りこみ競馬新聞を熟読する男がぞろぞろ。店外までずらりと机を並べ置いたホッピー通りはチューハイや煮込みで一杯やる客で満員だ。

浅草は味の町。天ぷら、洋食、蕎麦、鰻《うなぎ》、寿司《すし》など慣れ親しんだ品が浅草だ。せっかく来たから何か食べて帰ろう。浅草を愛した作家・永井荷風《ながいかふう》が毎日同じ席で同じものを食べたという雷門《かみなりもん》通りの老舗「尾張屋《おわりや》」で、名代天ぷらそばでもいただくか。

昼下がりのそば屋の品書きに、おお〈あられそば〉がある。かけそばに海苔《のり》を敷いて青柳《あおやぎ》小柱をのせた春先の蕎麦。熱いおつゆに小柱を沈め温めると食べごろだ。

ツツー……。

春を間近に啜《すす》る熱い蕎麦のおいしいことよ。溶き込んだ擂《す》りおろし山葵《わさび》のツンとしたキレは江戸っ子好み。奈々福姐《ねえ》さんに一杯ご馳走《ちそう》したい。

啜りながら、もらってきたチラシを見ると、「玉川奈々福　ほとばしる純情浪曲！」として川口松太郎《かわぐちまつたろう》原作「彼と小猿七之助《こざるしちのすけ》」、デュマ・フィス原作「椿太夫《つばきたゆう》の恋」、野村胡堂《のむらこどう》原作「銭形平次《ぜにがたへいじ》捕物控　雪の精」など新作が続々登場するようだ。

姐さん惚《ほ》れた、また行きまっせ。

「尾張屋」のあられそばは早春の味

教え子と春野菜若鶏黒酢炒め

三月三日は私の誕生日。大学の教え子から「太田先生の七十歳を祝う会」をやりたいと連絡があり「七十歳は余計だけど、飲み会ならやろう」と返事した。五十三歳から七年間、山形の東北芸術工科大学で教え、その後東京で働いている教え子も多く、時々集まっては飲み会をやっている。

いつもの新宿「池林房《ちりんぼう》」の小上がり座敷。ヒマな私はまいど三十分も早く行き、さて誰が来るかなと、壁を背にビールを飲んで待つのはよいものだ。

「先生、はやい！」

おお来た来た。幹事A嬢によるとなんと二十三人も来るという。それは大変だ。太田飲み会はみんなが好きなものを適当に注文し、最後は合計を人数で割る丼勘定方式だが、大勢の時は先に一升瓶をとってしまう。早速店長を呼び、値段味適当なものを注文。実習は準備が第一と、かつての授業を思いだす。そこに来た来た、ぞろぞろ来た。

「先生！」

「おお、よく来たな」

顔は懐かしくも名はあやふやもいるが、そのうち思いだすだろう。来た順にどんどん飲み始めるのが太田方式。五、六人で「とりあえず第一次乾杯！」とビールのジョッキを上げると「先生ちがう、宮城では〝練習〟と言うんです」と女子が指摘。本乾杯の前はこの発声でグラスを上げるそうだ。

「では、練習！」

ングングング……プハー。

「うま〜い！」

皆の顔がはち切れる。そしてすぐ料理注文。大人数は素早くまとめて注文しないと出が遅れる、初めは腹にたまるものがいい。これもゼミ飲み会でしっかり教えておいたことだ。

「先生、それ何ですか？」

「ん、春野菜と若鶏《わかどり》の黒酢炒《いた》め、食べてみな、案外うまいよ」

大きな居酒屋「池林房」の料理はボリュームがあって馬力がつくのが特徴、炒め物はすぐできて腹にたまる。当店は若い従業員が黙っててきぱき働き、屋台風の机に入れ込みでわいわいやる客は学生気分の抜けない中高年、映画演劇関係やマスコミ、出版人など新宿の雑多な文化を愛する者のたまり場で、卒業生の初めての東京飲み会をここにしたのは、山形の田舎の学生たちをこの雰囲気に放り込んでやれというう気持ちがあった。

その成果はまことに上がり「先生は座っててください」と「これとこれとこれ各三つ、あとチューハイとウーロン茶」と慣れたもの、デザインの授業よりこちらの方が身についたか。

＊

集まったのはゼミで集中指導した学生中心に、最初の卒業生は、はや三十五歳という。女子が多く、田舎娘だったのがすっかり洗練され、それなりの色気もつき、にっこり笑って酒を注がれるととまどうほどだ。独身も結婚した子持ちもいる。

「池林房」の春野菜と若鶏の黒酢炒めはボリューム満点

卒業間もない頃の飲み会は、就職はできたか、今の仕事はどうだ、初めは文句言わずに働くんだぞと、社会に出たばかりの子の現実的な相談ばかりだったが、皆それぞれにおちついたようだ。となればこちらは気楽に飲んでいればいい。

「ごめーん」と遅れて到着は、何ごとかあれこれ準備して来たらしい大荷物の、もう一人の幹事K嬢だ。これでほぼ揃《そろ》い、では本乾杯となった。全員が立ち上がりK嬢がビールジョッキを上げた。

「先生、七十歳のお誕生日おめでとうございます、これからもお元気で飲んでください」

「や、ありがとう、皆さんも」

ガチャーン、ングングング、プハー、パチパチパチ……。

それからはお互い同士のわいわいがやがや。出席は東京組のみならず仙台、名古屋からもあり、今夜は仲良しの家に泊まるとか。

これも夏恒例キャンプの「永久幹事」M君は仙台から東京に転勤してきたそうで、ならばいつもの那須《なす》ではなく久しぶりに奥多摩《おくたま》でやるかと早速相談だ。

「せんせ〜い」と囲んできた美女三人は在校時に「乙女の会」なるものを結成し、

私の研究室にチョコレートなどを持ってきて、ついでにコーヒーを飲んでいった。四年生になったら絶対太田ゼミに入りますと宣言していたが、その年に退官となって実現できなかったのが心残りだった。「これ見てください」というスマホには今日来られなかった乙女の会メンバーが、にこにこ手を振っている。「いま撮って返事できます」。そういうことができるんだ。

もり上がっていると、遅れて出社した当店の名物社長にして新宿の主・太田トクヤさんが「カズさん、何だよ～、若い娘にかこまれちゃって」と声をかける。「先生のお誕生会なんです」と知り「へえ、おーい、ここに何か出してやって」「ヤッター」と歓声があがったことでした。

あとがき

週刊誌「サンデー毎日」に連載した「ニッポンぶらり旅」は、五年続いて五十一カ所を訪ね、そろそろ行く所の種も尽きてきたかなと思い始めた頃、新任の編集長から相談をもちかけられた。

「二度目も登場するでしょうから、何か旅先で決めごとを持ちませんか」

「……味はどうです？」

「それはいい」

即決。リニューアル感を出したいのでタイトルも変える。写真はすべて食べたものにする。かくして「おいしい旅」の連載が始まった。

旅をしていても常に、今回の写真は何にするかが頭にある。縦構図で、手前に料理、奥に店の雰囲気を取り込む。店名入り箸袋があれば必ず置くコツも覚えてきた。

あまりにもうまそうで、先に箸をつけてしまう時もあったのは情けない。最近のデジカメの進歩はめざましく、撮ればその場で確認でき、あとは安心して酒料理に専念できる。

「それでもお仕事ですか！」「へえどうもすみません」

旅先には名物だけでなくおいしいものが、と言うより、おいしそうな店がある。この歳《とし》になれば量はいらないし、高級名店よりも庶民的な店の方が個性があるとわかってきた。老人ひとり旅はこれに限るな。

そのうち遠い旅に出なくても、住んでいる所で同じことができるとも気づいてきた。わずか電車で一駅でも、いや歩いて行けても、それも「おいしい旅」だと。

文庫化にあたりカバーデザインを編集者、デザイナーと相談。図々《ずうずう》しくも私メが飲んでいる写真でいくかとなった。それなら「場所は鍵屋《かぎや》がいいな。しかし撮影だけで帰るのはよくない、お礼替わりに売り上げに貢献するのも大切だ」「まことにもっともです」と大いに実行。鍵屋さん、ありがとうございました。

二〇一八年三月

太田和彦

解説——こんな大人に私はなりたい

井川直子

拝読したのは、今年最初に、沈丁花《じんちょうげ》の匂いに気づいた日だった。

実は心待ちにし過ぎて、本書を受け取るや否やハサミも使わずに封を切ったのだが、「ちょっと待て私、最初の一行から最後の言葉まで、ほかの何にも邪魔されず太田和彦的世界に没頭したくはないか？」という囁《ささや》きが聞こえてきた。

我ながらいいことを思いついてしまった。

私は手帳のこの日と決めて星印をつけ、一日、一冊を読むためだけにまるまる空けた。あの喫茶店で耽《ふけ》ろう、と場所も定め、〆切《しめきり》や取材仕事をせっせと片付け。まるで銭湯上がりの生ビールを呑《の》むために熱い湯を我慢する、あれである。

かくしていよいよその日、喫茶店へ向かう途中に沈丁花、なのであった。

なんという春のお膳立て。冒頭に「京都」という文字を見つけた時からもう、心がどうにもうきうきしてしょうがないではないですか。

それはページをめくるごとに高まって、ほろ苦いブレンドコーヒーを飲んでいても、ガトーフロマージュを挟んでも、もう一度コーヒーをお代わりしても収まらない。今すぐ切符を買って、遠い町に行きたくてたまらなくなってしまった。

いや、仄暗《ほのぐら》い喫茶店の中にいながら、私は旅をしていた。

京都では太田さんの後ろにくっついて錦市場《にしきいちば》を歩き、出汁巻《だしま》き玉子の鰹《かつお》出汁の匂いや漬け物屋の酸っぱい匂いをくぐり抜け、古い小さな食堂で木《こ》の葉《は》丼。

五月の松本、スーパーあずさの車窓から目に飛び込んできたのは山の緑だ。白緑、萌《もえ》緑、薄緑、黄緑、灰緑……。日本を代表するグラフィック・デザイナーの芽が早くも出ていたのか、少年時代から「緑色の描き分けを得意とした」という太田さんは、言葉でもまた美しい緑のグラデーションを見せてくれる。

浜松では、目当ての鰻《うなぎ》を求めてタクシーを飛ばした。鰻代より高くつきそうな気配にひやひやしながら、途中にある適当な店では妥協できない、「なんだか意地になって」いる太田さんにプブッと吹き出し、そうだそうだと応援した。

「街に音楽がしみ込んでいる」と語る神戸では、創立五十七年になる老舗《しにせ》ジャズクラブで、七十七歳、女性ジャズシンガーの「オール・オブ・ミー（私の凡《すべ》てを）」を聴く。高音の軽いビブラート、何年も歌い込んだスイング感、ハイボール。帰り道、流れるテールランプを眺めながらじんわりと噛《か》みしめる、その余韻。

盛岡は初冬であった。千本格子の古い町家が続く町は、きっと音が吸い込まれるように静かだろう。空気は冴《さ》え冴《ざ》えとして、吐く息は白いだろうか。見つけた石畳敷地の井戸は、町の人々が今も共同で使い、清潔に保っているという。道ゆくすべての人のために置かれたコップで飲む、北国の、冬の水の温かみ。

最後は東京である。東京は太田さんが暮らす街でもあるが、劇場とごはんのセットは立派に、小さな旅だと言う。

なるほど、それは日常からちょっとだけ浮いた時間だった。

名画座というタイムマシンに乗れば、そこでは昭和スターが今も銀幕で生き生きと輝いている。演劇愛も、かつて新宿カルチャーの先端にあった状況劇場に始まり、劇団東京乾電池を無名時代から追っかけ続けているほどの筋金入り。贔屓《ひいき》の女優に「♡キティ！」と声を飛ばす太田さんに、えー！　と驚きつつ、私もまた並んで劇場の椅子に座り、笑って泣いて街へ出る。

高揚した気持ちをしみじみ反芻《はんすう》するならば、古い食べもの屋がやはりいい。

実は昔から中国留学生が多かったという神保町《じんぼうちょう》の、中国料理店。花の銀座では明治十八年創業の天ぷら屋。淡路町《あわじちょう》ではカキフライを、タルタルソース、ウスターソース、最後はごちゃ混ぜで。

そうして太田さんの後をついて歩き、真似《まね》をし、横からのぞきこんで見るうちに、いつしか読み手は旅の味わい方を学んでいるのである。

というより、訪れた土地との知り合い方、だろうか。

地元の市場を歩いて、地元の人が普段食べている野菜や魚を知ること。神社に詣で、ぱん、ぱん、と柏手《かしわで》を打ち、土地の護《まも》りに「しばらくお邪魔します」と挨拶をすること。そしてホテルから出た街の中に喫茶店を見つけ、そこを「いつもの喫茶店」として、朝のコーヒーを飲むこと。

すると「場所を得た気持ち」になれるそうだ。

考えてみればあたりまえなのだが、旅人とはよそ者である。アウェイの中のささやかな「いつもの」は、よそ者の心を定位置に戻してくれるのだろうか。人見知りの初対面同士が打ち解け合うように、見知らぬ土地と仲良くなるには、自分の心が定位置であることはきっと大切なのだ。

太田さんの旅は、急がない。おそらくは歩くスピードもゆっくりではないかと思う。だからこそみんなが通り過ぎてしまう存在に気づき、足を止め、思いを巡らせることができる。

あるときは、温泉の番台の上に飾られた、古い陶器装飾の湯のかけながし口に目を留めていた。口を開けた亀、目の細い羊、子供が抱いた壺《つぼ》。デッサンのようなその描写だけで、読み手もまたその不思議な世界観に気づき、何か意味があるのだろうか、と想像する。

声高なものよりも、ささやくような声を、太田さんは好んで拾い上げていく。名園名庭とは違う自然のままのクヌギやナラの木立、下草に置かれた石仏。高名ではないが、今は途絶えた窯《かま》の甕《かめ》や酒器に宿る「黙した美」。

ときには町の掲示板をのぞき込み、演奏会に落語会、忘年会などのお知らせに、「手作りでわが町を愛し楽しむ」風土を読み取ったりもしている。

なんという無垢《むく》な好奇心だろう。

そして〝見る〟とは視界に入ることでなく、〝考える〟あるいは〝読む〟行為なのだとつくづく思う。

美ヶ原《うつくしがはら》の温泉街にあるそば屋でのことだ。

せいろを待つ間にも、広間の囲炉裏《いろり》を眺めては「自在鉤《かぎ》を吊《つ》る鯉《こい》は躍動感がいい」と唸《うな》る太田さん。視線を移すと屋根裏に巨大な天然木の梁《はり》。それに誘われるように立ち上がり、ついつい奥の八畳間ものぞき込んでいるという具合である。「床の間の塗り書院窓は竹林の透かし木彫、巾着袋をデザインした釘《くぎ》隠しが立派」という古民家、そこで食べる、細い平打ちのそばである。だから「ひなびた山家《やまが》のそばというよりは、庄屋屋敷のもてなしそば」という言葉に、私たちは深く頷《うなず》ける。

みんなが通り過ぎるものと言えば、風景や建物だけでなく、食べものについてもまた然《しか》り。その土地の風土や人が滲《にじ》み出る、その土地ならではの料理はすべからく名物とは限らないのである。

たとえば京都の「きざみカレーそば」。なぜカレーそばと思いきや、油揚げを細く刻んだ「きざみ」と九条葱《くじょうねぎ》、出汁のきいたカレー風味の濃い汁と聞けば、たしかにまさしく京都ならでは。

神戸では「カレー」だった。しかし町の中華食堂のそれは、適度なヒリヒリに中華出汁の旨《うま》み、玉葱の甘みがきいているそうで。それはやっぱり中華料理が街に根ざしている神戸でしか食べられないカレーなのだ。

それにしても、私は知らないことばかりだなぁと思う。

京都に天丼が少ないのも知らなかったし、東京と玉子焼きの焼き方・巻き方が違うというのには驚いた。京都は出汁入り、攪拌《かくはん》、温め固めるだけの「焼かない」玉子焼き。対して東京は、砂糖と醬油《しょうゆ》味《あじ》、混ぜ切らず、やや焦げ目がつくくらいに「焼く」。東京では玉子を奥から手前に巻き寄せ、京都は逆。何もかも造詣が深いからこそ、太田さんは実に歯切れがいい。

東京の親子丼は「どういうものが良い親子丼か判っていないまま作っているようで、おおむねとじ玉子が固まりすぎだ」とばっさり。

鰻については、最近では東京でも人気が出ている関西風の直焼《じか》きにひと言。

「焼鳥じゃないんだから、やっぱり婀娜《あだ》な年増の情の濃い関東風がいい」

天ぷらをやたらと塩で食べさせる昨今の風潮にも、もの申す。

「天つゆにくぐらせて濡《ぬ》らすからうまいんだ」

いい大人とは、たぶんこういう人のことを言うのだ。

経験を重ね、自分の「好き」に迷いがなくなった人。

そしてときどき、大人げない人（すみません）。

目当ての店が休みだったときの敗北感を正直に書いてしまう。これを食べると決めたら別のものでは腹がうんと言わない、と意地になる。酒場で出会った美女の前では「後味よく」と、さらり立ち去り見栄を張る。なんという愛すべき大人げのなさ。

それでいて「こういう時は本当を言う方がいい」「自分の生きてきた過去を肯定する気持ちになれる」といった本質の言葉が不意に現れ、どきりとさせられ、キュッと身が引き締まるのである。

太田さん曰《いわ》く、「旅は日常を離れるゆえに心がきれいになる」。

本書の中で旅の空気を吸い込みながら、はじめての味に小躍りしながら、私はいつの間にか「いい大人」を教えてもらっていた。

（いかわ・なおこ　ライター）

本書に登場するおいしい店

京都

西陣　鳥岩楼
京都市上京区五辻通
智恵光院西入ル五辻町75
☎075−441−4004

まるき
京都市中京区錦小路通
御幸町東入ル大日町402
☎075−221−5927

広東料理　鳳泉
京都市中京区河原町通二条上ル
清水町359　AXEビル1F
☎075−241−6288

辨慶　東山店
京都市東山区五条大橋東入ル
東橋詰町30−3
☎075−533−0441

膳處漢ぽっちり
京都市中京区錦小路通室町西入ル
天神山町283−2
☎075−257−5766

松本

あや菜
長野県松本市中央3−2−17
☎0263−35−5616

きく蔵
松本市大手4−7−10
☎0263−36−3728

季寄料理　よしかわ
松本市中央3−5−2
☎0263−33−6070

そば庵米十
松本市里山辺276
☎0263−31−8810

百老亭
松本市大手2−3−10
☎0263−32−4220

浜松

うな光
静岡県浜松市東区上西町１３１９
☎０５３－４６４－８８３４

貴田乃瀬
浜松市中区田町２３１－１
☎０５３－４５５－２８３２

浜松料理　娯座樓
浜松市中区肴町３１７－15
☎０５３－４５６－７０２８

神戸

エビアンコーヒー
兵庫県神戸市中央区元町通１－７－２
☎０７８－３３１－３２６５

神戸元町別館牡丹園
神戸市中央区元町通１－11－３
☎０７８－３３１－５７９０

貝料理専門店　ボンゴレ　本店
神戸市中央区北長狭通
４－４－15　２F
☎０７８－３３１－０７６０

香美園
神戸市中央区元町通３－16－２
☎０７８－３９１－４０１５

サントリーバー　ヘンリー
神戸市中央区北長狭通
１－３－11　ノアールビルＢ１F
☎０７８－３９１－２６８９

金山園
神戸市中央区中山手通１－９－５
☎０７８－３３１－２３７２

盛岡

直利庵
岩手県盛岡市中ノ橋通１－12－13
☎０１９－６２４－０４４１

惣門
盛岡市松尾町５－２
☎０１９－６５４－６１２３

東京

揚子江菜館
千代田区神田神保町1−11−3
☎03−3291−0218

銀座　天國　本店
中央区銀座8−9−11
☎03−3571−1092

松榮亭
千代田区神田淡路町2−8
☎03−3251−5511

資生堂パーラー　銀座本店
中央区銀座8−8−3
東京銀座資生堂ビル4F・5F
☎03−5537−6241

両花
世田谷区北沢2−34−8
北沢KMビル2F
☎03−3468−6456

尾張屋
台東区浅草1−7−1
☎03−3845−4500
台東区浅草1−1−3（支店）
☎03−3841−8780

池林房
新宿区新宿3−8−7
吉川新宿ビル1F
☎03−3350−6945

※掲載したのは二〇一八年四月現在のデータです。

カバー・扉写真　撮影協力
鍵屋
台東区根岸3−6−23−18
☎03−3872−2227

文中に登場する方の年齢、またメニュー等物品の値段は取材当時のものです。

本書は、二〇一五年四月から二〇一六年三月まで「サンデー毎日」に連載された「おいしい旅」から選出した作品で編んだオリジナル文庫です。

集英社文庫

おいしい旅《たび》 錦市場《にしきいちば》の木《こ》の葉丼《はどん》とは何《なに》か

2018年4月25日 第1刷　　定価はカバーに表示してあります。

著　者　太田和彦《おおたかずひこ》

発行者　村田登志江

発行所　株式会社 集英社

東京都千代田区一ツ橋2-5-10　〒101-8050

電話　【編集部】03-3230-6095

【読者係】03-3230-6080

【販売部】03-3230-6393（書店専用）

印　刷　大日本印刷株式会社

製　本　ナショナル製本協同組合

フォーマットデザイン　アリヤマデザインストア　　マークデザイン　居山浩二

ISBN978-4-08-745733-9 C0195